クリエイティブ・パートナー 発見マガジン

ある駅で掲出されたポスターが、共感を呼び、

SNSで投稿され、ネットでも話題になった——。

限られた掲出場所でも、多くの人の心を動かせるのが

広告クリエイティブの力です。

見た人と広告主をつなぎ、行動を喚起する、

そんな広告制作物を生み出すには、

広告主と、制作パートナーとの、素敵な出会いが欠かせません。

本書は、そんなパートナー選びに役立つ、広告制作プロダクションガイドです。

各社の制作実績はもちろんのこと、会社の基礎情報や、

クリエイティブに対する思いなども紹介しています。

これまでの制作物から一歩先へと踏み出したい、

そんな広告主の皆様にとって、

新たな出会いと発見が訪れることを願っています。

Contents

ブレーン×OAC

発注担当者が
知っておきたい
クリエイティブの基本

広告には、制作に携わる人たちの
アイデアや技術が詰まっており、
完成までにはさまざまなプロセスを経ています。
また最終的な仕上がりまでに、
多くの人たちがかかわってきます。

共に広告を制作していくパートナーが
最大限の力を発揮し、
期待以上のクリエイティブが生まれる——
こうした提案を生み出すためには、
広告主は制作側に「お任せ」にしてはいけません。
自らもメディアやクリエイティブの知識を持ったうえで
正しいオリエン、発注をすることが大事です。

本特集では、発注担当者が知っておくべき、
クリエイティブの「基本」について
各領域のスペシャリストに解説してもらいました。

Special interview

グラフィック広告のスペシャリストに聞く

一瞬の接点で ブランドを体感させる グラフィック広告の 可能性

電通
クリエーティブディレクター／アートディレクター

八木 義博 氏

思い返せば周りに溢れている グラフィックはみんなのもの

グラフィックと聞くと専門的なアートやデザインの才能がないと理解できないという印象を持つ人もいるかもしれません。しかし、周りを見渡すとスマホの画面に並ぶアイコン、道路標識、街で見かけるお店のサインなど、私たちの生活にはグラフィックが溢れています。簡潔な要素によって無意識に行動を促される街中の標識、見るだけでよだれが出てきそうなシズル感たっぷりのレストランのメニュー、なんか良いことが起こりそうな気持ちになる化粧品のパッケージなどなど。瞬時に受け取った情報から行動が喚起されたり、自分の好みに合うものを選んだりと、誰もがグラフィックに慣れ親しんでいることに気づきます。グラフィックには色々な役割があります。広告・プロモーションの世界での活用でいえば、商品の細かなスペックを知りたいという人にはチラシやカタログのように言語的な情報を徹底的に整理し、適切に正しく情報を届けることが大切です。こうした短期的なプロモー

ションの場でもグラフィックは機能します。さらに、それだけでなくまだその商品のことを好きになっていない、知ってもいない人との絆を深めていくという中長期的なブランディングにおいても、グラフィックの非言語的コミュニケーション力は最適なツールとして機能します。

高スピードで直感的に伝える ビジュアルコミュニケーション

スマホやSNSでのコミュニケーションの中心はテキストからビジュアルに移りつつあると思います。もちろん言葉も使っているわけですが、深い内容の文章は意味を理解するまでに時間が必要で、かつ読む人の読解力によって伝わり方にばらつきが生じます。優れたビジュアルであれば速いスピードで暗黙知を共有し、言葉だけではシェアできない細かなニュアンスを含めて深い理解と共感を得ることが可能です。
昨今では情報量の多い動画コンテンツを介したコミュニケーションも浸透しています。同じビジュアルでも動画はストーリーの時間軸や音楽でよりエモーショナルに訴えることができる機能的なツールです。しかし、ひとつの動画を見るには多かれ少なかれ時間がかかりますし、その間は強制的に視聴させられることになるため、グラフィックとは特性が異なります。グラフィック広告では時間軸や音はありませんが、色や形から直感的に伝えたり無意識下にある記憶を想起させたりと、見る人の想像力によってその場にないものを補完させ、豊かなイメージを伝えることができます。例えば、文字もひとつのビジュアルだと捉えられます。言葉が持つ意味はもちろんですが、タイプフェイスをコントロールすることで、見ている人の中でその広告のある種、声色みたいなものをイメージさせることだってできるのです。またメディアの性格に合わせて可変しやすいのも特徴だと思います。グラフィック広告は情報量が少ないからといって伝達力が劣るわけではなく、むしろ言語化が困難なブランドの要素を「一瞬で感じ

させる可能性」を持っているといえるのではないでしょうか。商品ラベルを見て自分に合っているブランドだと感じた、飲み屋で見たコースターの飲料のロゴを見て味を思い出した、というようにリーズナブルで扱いやすいグラフィックは、その特性上、どんな場所でも商品や企業のことを感じてもらうことができ、ブランディングにとって有効な蓄積効果に貢献できると思います。

グラフィックを加速させる魔法

ビジュアルコミュニケーションの特性として、速いスピードで言語だけでは伝わらない情報を届け、ブランドに対する共感を生むことができると書きました。しかし、ブランドからの発信にカスタマーが触れる時間もほんの一瞬だということを頭に入れておかなければなりません。一瞬しか見てもらえない、動かない、音も出ないグラフィック広告の力を最大化していくためにはどんな場所で見てもらうか、つまりはグラフィックが載るメディアとの掛け算が必要です。
1枚のグラフィックだけを見ていては本来の価値を最大限、発揮させることはできません。例えば、私が携わったJR東日本の「行くぜ、東北。」では1枚のポスターをデザインするという感覚ではなく、駅の景色をデザインするという気概で取り組みました。そう考えることで、生まれるアイデアに違いが出てくるのです。「行くぜ、東北。」の事例を通じて、駅というメディアを最大限に活用することの効果と、同じ場所に長期的に掲出することでポスターという平面的なものが場所と時間の概念を手に入れ、多面的になり得ることを実感しました。
このように、そのグラフィックが掲出される場所、空間をイメージすることは重要です。それを踏まえて、私はグラフィック広告のアイデアを考える上で、常に意識していることがあります。
例えば渋谷の街中にOOH広告を出稿するとします。渋谷は「人が大勢行き交う場所」としてよく挙げられますが、そこに、とあるブラン

☑ 言葉だけではシェアできない細かなニュアンスを、
少ない情報量で瞬時に伝えるグラフィックの特性を理解する。

☑ グラフィックを最大限活用するには、点ではなく線の視点での
企画が必要。複数メディアを戦略的に組み合わせる設計が重要に。

☑ 「ブランドとしてどんな提案ができるのか」という筋の通った設計
から、説得力があり、共感につながるグラフィックが生まれる。

ドのOOHを掲出するのであれば「こんなに大勢の前で、なりふり構わずこちらに何かを叫んでいる」とテレビドラマさながらのシーンにこのブランド（OOH）を登場させて妄想を重ねます。そうすると、その顔の表情や声の大きさ、体の震え、息も切れていて、そこに雨が降ってきて…、とさまざまなブランドの姿が浮かび、アイデアの種になるわけです。

他にも、日経新聞に掲載するのであれば、「服を綺麗な襟付きにして背筋を正して登場しよう」など、少しふざけているように思われるかもしれませんが、意外とそのブランドらしい表現の発掘に役立ち、アイデアがスッと出てくる感覚があるので、ぜひ試してみてください。

同じ内容のグラフィックでも、スマホのパーソナルな画面で出会うグラフィックと街中のパブリックな環境にある大きなビルボード、あるいは時事性の高い新聞の中などでは情報の伝わり方も異なります。

そしてこれらの接点を点ではなく線で捉えていくことが必要です。ひとつのグラフィックとの接触は一瞬だとしても、戦略的に組み合わせて配置することで、少しの露出でも心理的に「今、世の中がこのブランドで溢れているんだ」と感じさせる高度なコミュニケーションに発展させることだってできるかもしれません。

**そのブランドらしさを伝える
一貫したオリジナリティー**

前述のように多面的な接点を企画する場合、気をつけるべきことがあります。それは、そのグラフィック広告から感じられるブランドとしての人格をしっかりと管理すること。メディアを活用して出会いをたくさんつくったとしても、その都度、言っていることや話者の人格が違えば、それは積み重なっていきません。一貫したことを言う人は信用されるし、未来のビジョンにおける良きリーダーとしてみんなから認めてもらえるでしょう。では、一貫して発信すべきブランドのメッセージとは何で

図1　JR東日本 ポスター「行くぜ、東北。」

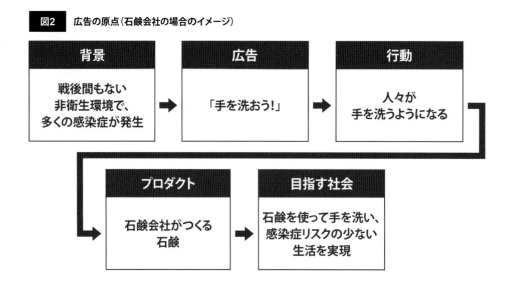

図2 広告の原点（石鹸会社の場合のイメージ）

背景
戦後間もない非衛生環境で、多くの感染症が発生

広告
「手を洗おう！」

行動
人々が手を洗うようになる

プロダクト
石鹸会社がつくる石鹸

目指す社会
石鹸を使って手を洗い、感染症リスクの少ない生活を実現

しょうか。それを説明するために、例え話をしたいと思います。

戦後間もない非衛生的な環境の中、菌で汚染された手指や食品が原因で多くの感染症が起こっていました（背景）。その時、石鹸会社は「手を洗おう」（広告）と呼びかけ、人々は手を洗う（行動）ことで感染症へのリスクを減らせることを知り、石鹸会社がつくる石鹸（実のプロダクト）を使って手を洗うことで、感染症のリスクの少ない生活（目指している社会）を得ることができる。この構造こそ、広告の原点ではないでしょうか。石鹸の性能を押し売りしているわけではない点がポイントです。企業側の価値提供とカスタマーが期待する価値が重なり合うことで信頼関係が築かれ、そこから徐々にその企業やブランドの人となりが見えてくるようになります。

どの企業も独自の価値で世の中を良くしようと存在しているはずで、その企業の思想に則った商品・サービスづくりがなされています。今、どんな時代に暮らしているのか、そのブランドは世の中にどんな提案をすることができるのか。その、筋の通った設計構築の上に共感、説得力のある強いグラフィック広告が生まれるのだと思います。私も常にその

グラフィック広告の奥にきちんと企業の骨格があるか、その上に適切な筋肉がつき、そのブランドらしいオリジナルな顔つきになっているかということを検算しながら企画をするようにしています。

時代の変化に合わせた
グラフィックの進化と未来

デジタルメディアの台頭により、ターゲティングに便利なメディアなど、仕組みと効率だけが先走りしてしまい、ビジュアルコミュニケーションの本質的な機能を生かした心を動かす最後の一撃がないがしろになってはいないでしょうか。グラフィック広告の可能性を知っていれば進化するメディアとの掛け算でグラフィックを再定義することができるかもしれません。例えば、電車の中吊り広告は読ませるメディアでしたが、皆がスマホを見る環境下ではポスター的な顔つきに変化したように思います。ケースバイケースでグラフィックの表現は進化していくのです。

「好きになってもらうということ」。さまざまなしがらみに阻まれて、意外とこのシンプルな広告の大原則を忘れてしまいそうになります。

広告が送り手の独善的な押しつけにはならず、送り手の商品価値が受け手側の期待に応えられているという双方向のつながりを成立させること。これは随分と根気のいる仕事になりますが、商品のみならず、企業のレピュテーションに還元されると信じています。

profile

 八木 義博氏
Yoshihiro Yagi

電通 CDC所属。デザインをベースに企業・商品ブランディングや広告キャンペーンなど、幅広いクリエイティブを展開。

「グラフィック広告」
企画・制作にまつわる Q&A

回答者
電通
八木義博 氏

Q.1 広告主からクリエイターに対するオリエンテーションの際のポイントについて教えてください。

A. ブランドファーストの姿勢で、ブランドにとっての最適解をジャッジできる環境を。

　企業の背景はもちろん、現状のマーケットの話、そして企業全体の中で今回のブランドがどのような役割にあるのか、ということを広告主とクリエイターで共有することから始めるべきだと思います。前を向く自分の後ろ側はそれぞれ相手にしか見えません。会話をすることでお互いの目線が合ってくると、見えていない部分を補い合うことができるからです。そして、希望やイメージはその理由と共にどんどん伝えるべきです。しかし、その通りにやることが、ブランドにとって効果的であるとは限りません。それに対してクリエイターも違う視点から提案してくるでしょう。大事なことはクライアントファーストではなく、あくまでもブランドファーストの姿勢で、それぞれの立場から本当にブランドにとって必要なことの最適解をジャッジしていくこと。そのような勇気が持てる環境づくりが大事だと考えます。

Q.2 グラフィック広告の効果検証はどのようにすればよいのでしょうか。

A. 数値結果だけではなく、一般人としての肌感を忘れず判断することも重要。

　様々な検証ツールの結果データを参考として活用することは有効手段だと考えます。しかし、いろんな感情を持つ人たちが広告を見ています。滅入っている時に励まされたり、今は子どもなので買えないけど、強い憧れを抱いたり…と。必ずしも短期的な成果としては出てこない、計測不可な効果があるはずです。表層の集計だけでは、伝わり方、その深さを見逃してしまい、ブランドにとっての正しいジャッジができないと思うのです。ツールは便利ですが、間違った使い方で怪我をすることもあると忘れてはいけないと思います。
　商品の売上という指標もよくありますが、私は広告の目的はブランドのことを好きになってもらうことだと考えているので、販売促進の短期的な効果とは性質が違うことも認識しておきたいところです。計測結果が導く論理は正しいけれど、どこか人として不自然な気がする。そんな勘が働くことがあります。私が心がけているのは、常に一般人としての肌感を忘れないこと。そういう自分なりの倫理観を併せ持ち、効果検証と向き合う必要があると思います。

Q.3 広告主とコミュニケーションをとる際に、心がけていることを教えてください。

A. ブランドのことを愛せる余裕を生むために、相手の立場に立ったコミュニケーションを。

　仕事の目的やクオリティに目をやる前に、ひとりの広告担当者の立場や気持ちを考えてみることが大切だと考えています。頭では正しいとわかっていても、自身の置かれている環境や上司の意見との相違など、さまざまな状況の中で追い詰められているとしたら、そのブランドのことを考えるどころではないはずです。目の前にある仕事を終わらせることが目的となってしまうのではないでしょうか。広告主も、クリエイターもそのブランドのことを愛せる余裕があるからこそ、アイデアが生まれるはずです。その担当者にとって必要なことは何なのか。上司に説明するための言葉や絵が、もうひとつあればスムーズにいくかもしれない。広告制作のゴールだけではなく、そのプロセスや良い雰囲気づくりといったこともブランドのために必要なことだと思います。

Special interview

コピーライティングのスペシャリストに聞く

「どう言うか？」より「何を言うか？」商品を真ん中に社会と人をつなぐことばを見つけよう

電通
クリエーティブディレクター

中島 英太 氏

価値を真ん中にしたコピーの書き方

今回、宣伝会議さんから「コピーの発想法について書いてください」という依頼が来た時、「攻めてるなー宣伝会議」と思ったくらい、広告コピーを書くことを最近していません。とはいえ、ことばのちからを感じない日はなく、この数年は事業や商品の開発、経営戦略など広告の川上領域での仕事がほとんどでしたが、そこでもことばは圧倒的に大事だと感じています。そしてこれまでと違う山に登ると、もといた山の素晴らしさがよく見えるもので、つくづく「コピーライターってすごいなあ」と感心したりしています。

そんなクリエイティブとはちょっと異なる視点も交えながら「広告コピーを考える際の基本」について書いてみたいと思います。

広告に逆風の時代だからこそ「何を言うか」が8割

ご存じのとおり、いまは広告がなかなか効かない時代と言われています。その理由をすべて述べると長くなるので割愛しますが、理由のひとつに「主導権が企業から生活者に移った」ということがあります。

「昔はみんな俺の話を楽しみにしてて、なんか言えばめちゃめちゃ反応してくれたのに…いまや好き勝手に自分らの世界で盛りあがっちゃって、こっちの話なんか全然聞いてくんないんだよ…」とクダを巻いても仕方がありません。しかも単に聞いてくれないだけでなく「信用してくれない」というのが悲しい現実。とほほほ。

でも、それはあなたのせいではなく、あなたの語ることばのせいです。あなたのことばが彼らにとって「意味のあること」「価値のあること」であれば、みんな進んで耳を傾けるし、SNSでいいね！や拡散だってしてくれます。時代と共に価値観、消費行動、メディア接触行動が変わっても、人はいつだってポンと膝を打ちたい、目からウロコを落としたい生き物なのです。

この書籍の読者であれば広告は「何を言うか／どう言うか」の2つが大事であることはご存じかと思います。そして、意味や価値を決めるのは圧倒的に「何を言うか」です。これがちゃんとしていなければ、どんなに「どう言うか」をがんばっても、あなたのことばはスルーされてしまうことでしょう。「あの人、うまいこと言ってるけど話の中身ないね」なんて陰口を叩かれたくなければ、「何を言うか」をとことん考えましょう。

すぐれたコピーは商品の価値を高める

はじめに断っておきますが「すぐれたコピー」にも色々あって、意味不明だけど気になる、好き、という類のものもあります。ただ理屈を超えた部分は理屈で伝えにくいので今回は触れないでおきます。

あらゆる商品やサービスには「価値」があります。機能、持ち味、長所、美点、可能性、ストーリーなどいろんな価値があり、それこそが広告アイデアの種です。はっきりと魅力的な価値が見えている場合はラクちん、そのまま伝えればお仕事終了です。けれどそんなケースは稀で、ほとんどの場合、価値は隠れていたり、冴えなかったり、意味がわからなかったりします。

そんな時に「価値の見立て」や「価値の再発見」によってみんなの前に価値を提示できるのがすぐれたコピーライターです（私はこれを「価値のクリエイティブ」と呼んでいます）。

たとえばアイスクリーム。「冷たくて甘い」という価値がありますが、これでは当たり前すぎて誰も気にかけません。けれど「アイスは三大栄養素（糖質、タンパク質、脂質）が豊富でのどごしもいい」と見立てると「つらい時にうれしい栄養食」という別の顔が出現します。そこから「ひきはじめの風邪に●●アイスが効きます」みたいなコピーが生まれるかもしれない。さらには「いまや全国の薬局の数はコンビニより多い。弱った人向けアイスを開発し薬局で売ったらどうか」みたいなアイデアも生まれるかもしれない（あくまでたとえ話です）。

広告コピーにおける発想法の極意

☑ すぐれたコピーは商品やサービスの価値を生み出すことができる（＝「価値のクリエイティブ」）。

☑ 「どう言うか?」より「何を言うか?」の方が圧倒的に大事。「商品」を真ん中に「社会」と「人」をつなげる橋になるようなことばを見つける。

☑ 「やさしくて鋭い目」と「素直で疑い深い耳」を持つ。

ことばによる価値の見える化は可能性を広げます。すぐれたコピーは工場がなくても、最新のテクノロジーがなくても、ビッグデータがなくても価値を生み出すことができるのです。これってとってもエコでコスパがいい。

どどのつまり「何を言うか」とは、目のつけどころの勝負です。思い込みや先入観をひっくり返し、裏側にひそむ宝を見つける勝負です。同僚の澤田智洋くんは「コピーライターとは、魅力の第一発見者である」と表現しました。隠れた魅力、まだ知られていない価値は、こちらが全力で探してあげないと見つかりません。しかも誰でも見つけられるような価値では意味がない。10人中9人が諦めて引き返す中、ドアを2つも3つも開いてその先へ進んで行けるかどうか。時には空気を読まなかったり、ド正論をぶちかましたりすることも必要です。あなたのド根性、あなただけの目のつけどころが大事なのです。

「何を言うか」を考える際は、「言う」ことばかり考えてはダメです。とことん「見る」「聞く」。そして「気づく」「発見する」。その先に語るべきものがあります。

さて、「価値」についてもう少し深く考えてみましょう。価値には2種類あります。「社会にとっての価値」と「人にとっての価値」です。次頁の【図1】をご覧ください。商品を真ん中に、人と社会に「新しい橋」をかけ、がっちり握手する。それが価値であり、すぐれたコピーです。では、どうやったら価値を見つけられるのでしょう。次に書きます。

「商品」「社会」「人」
3者を理解することが大切

橋をかけるときは両岸のことを徹底的に調査するはずです。先ほどの【図1】では「商品」「社会」「人」がそれに当たります。これらへの

理解の深さが、頑丈な橋かそうでないか、つまりしっかりした価値を発見できるかどうかのほとんどを決めます。

まず「商品の理解」。その企業や市場、競合商品など周辺の理解もここに含まれます。オリエンは重要ですが、ほんの一部です。私の場合、たとえば商品がゲームだったら大会に出られるレベルまでやりこみますし、企業戦略の仕事なら歴史や社長の発言録を読み込みます。商品にどっぷり浸かり、徹底的に愛し、できるだけたくさんの魅力を洗い出すのです。世の中的にウケるウケないは後回しです。あとからフィルターにかけますので。

商品の理解は大切ですが、全体の3分の1にすぎません。残り3分の2が「社会の理解」と「人の理解」で、これらはオリエンでは圧倒的に足りない。オリエン以外の場や時間、もっと言うとあなたの暮らしや人生の中で理解を深めていくしかないのです。

社会	価値	商品	価値	人
理解（暮らし）		理解（オリエン）		理解（人生）

社会は時代と共に変わります。「いま、こんな流れがきている」「この先こんなことが大事になるのではないか」といったことに敏感でいましょう。

今年はあらゆるものが劇的に変化し、人々の価値観も変わりました。しかし一方で、人間には普遍的な感情や美意識といった「こころのツボ」があって、数千年前のローマ人と同じだったりします。「人はこんな時に感動する」「時代を超えて変わらない愛すべきしょうもなさがある」など、人間に対する理解を深めることも大切です。日常が学びの場であり、プレゼン準備。オリエンの前に勝負ははじまっています。

人と社会の理解についてはコツなどなく、それを意識しながら一生懸命に生きるしかないですが、理解を深めるひとつの方法としてSNSは有効です。SNSは情報でなく、「情」を知るためのものです（情＝人のこころのはたらき）。人は何に喜び、怒り、哀しみ、楽しくなるのか？いま世間は何を愛し、何を嫌うのか？そんなことをSNSから見出します。ポイントは自分と異なる人、好みではない人の意見を追うこと。自分と違う人間で構成されているのが社会で、それが広告のフィールドです。聞く耳はできるだけ大きく。興味外のテレビ番組を見たり、縁遠い世界の人と話をしたりするのもおすすめです。

「商品」「社会」「人」の3つの理解ができたら、先に洗い出した商品の魅力の中から人と社会と握手できそうなものを見極めていきます。あるいは反対に、人と社会の視点から商品の魅力をとらえ直します。そうやって橋を行ったり来たりする中で、強度のある価値＝何を言うかを見つけていきます。私はここにいちばん時間をかけています。

正しく「見て」「聞く」ことでものごとの価値を発見する

最初に「何を言うか」が8割と書きました。でも「どう言うか」も7割くらい大事です。合計15割。計算がおかしいですね。でも10割を超えていくのがプロです。がんばってください。

今回はコピーの核となる価値について書きました。物事の価値を見つけるのは「やさしくて鋭い目」と「素直で疑い深い耳」です。誰もがネットで自由に発言できる時代ですが、正しく見る、聞くのは本当に難しい。コピーライターを目指す人には、どうかよい目と耳を持ってもらいたいと思います。私も気をつけます。

profile

 中島 英太氏
Eita Nakajima

電通クリエーティブディレクター
CMプランナーとして数百本のCMを企画し、現在は事業開発や企業戦略の領域で活動。電通Bチーム、食生活ラボにも所属。

「コピーライティング」にまつわる Q&A

回答者
電通
中島英太 氏

Q.1 コピーを考える時、まず何から始めますか。

A. まずはひとりの人間として、フラットな目線で真剣に対象物と向き合います。

仕事であることを一旦忘れて、ひとりの人間、生活者として対象物と向き合います。これ実際どう思う？欲しい？愛せる？と。対象物について、よい印象を抱く時もあればそうでない時もあります。そしてその理由をとことん考えます。n=1の深掘り調査ですが、n=10000の市場調査より役に立つこともあります。

理由は2つあり、調査項目と調査時間を無限に増やせるから。そして後者の1万人の誰より自分のほうが真剣に向き合っているからです。

時には自分がターゲット層と違いすぎて「正直よくわからない」という場合もあります。でも自分がわからないということを知るのはとても大事ですので、スタートとしてはそれでもよい。そういう時のためにn=10000の調査結果があります。経験を重ねるとわかったつもり、知ってるつもりになりがちですが、大きな落とし穴です。私もよくハマります。

Q.2 アイデアが浮かばない時の解決法や発想の転換法はありますか。

A. 自分にとってアイデアが浮かびやすい状況・テンションをつくり出します。

何年経っても、アイデアが出ないのは苦しい。辛い。便秘と同じで悩むほど出なくなります。自分は楽しい時、頭がスコーンと晴れている時にアイデアが出るようなので、「表現するって、なんて楽しいことなんだ！」と自分を錯覚させるために、よい映画を観ます。テンパっている時に2時間使うのは勇気が要りますが、ウンウンうなっていても2時間なんて過ぎます。映画に浸りながら、ものづくりっていいな、こんな仕事したいな→あ！そういや自分もつくり手だった！ラッキー！→よし、アイデア出すぞ！というお約束を二十数年やってます。これが不思議と効く。運悪くクソ映画だった場合でも「俺のほうが面白く撮れる」みたいな変な自信がつきますので、それはそれで有意義です。

ちょっと真面目なことを言うと、考える現場から一旦離れている間に無意識下でアイデアのかけらが再結合する、そのために時間が必要なのかもしれません。

Q.3 日頃のインプットで意識されていることはありますか。

A. 「おもしろい」を探せば、この世のすべてがインプットに。

ニュースでも映画でもお店でもセミナーでも、基本的に「おもしろいところを見つける」という姿勢で向き合います（この場合の「おもしろい」とはfunnyではなくinterestingです）。どんなものでも何かしらおもしろいエッセンスがあります。人が見落としがちなおもしろさを拾うことができれば、この世のすべてのものが意味のあるインプットになります。

そして、インプットをする時は「なぜおもしろいのか」もいっしょに考えます。ごちそうをおいしく食べるだけでなく、どんな調理法なのか、なぜ人気なのかも考える。そこから逆算して、じゃあこんな料理もありかもと想像する。さらにはそのやり方を別の領域に生かせないか考えてみる。インプットの流れでアウトプットもする。日常からそのクセをつけておくと、アイデアの出やすい体質になります。人によっては「ごちゃごちゃ考えるな。黙っておいしくいただけ」とめんどくさがられますが、もはや職業病ですのでやめられません。

Special interview

クリエイティブ・ディレクションの
スペシャリストに聞く

すべてのリーダーは クリエイティブ ディレクターであるべき

Wunderman Thompson Tokyo
Chief Creative Officer

新沢 崇幸 氏

クリエイティブディレクターは "業界人"だけの仕事ではない

僕がクリエイティブディレクターになったばかりの頃。たまたま開催された小学校の同窓会で、もらったばかりのクリエイティブディレクター（以下、CD）の名刺を（ちょっと自慢気だったのかも知れません）手渡していた僕に、寿司屋になった友達が言いました。「クリエイティブディレクターって、なんていうか、いい役職なの？オマエのこと9割は信じているんだけど、なんか、1割うさんくさい。何コレ笑」。

確かに、クリエイティブディレクター（CD）なんて広告界とファッション界でしか使われていなさそうだし、共通するのは胡散臭さ（ファッション業界の人がいたらスミマセン）。その当時の僕はうまく説明できず「まあ、広告業界のアレだよ、カッコつけた名前のヤツだよ」と言ってお茶を濁してしまいました。しかし今はそうではないと自信を持って言えます。

クリエイティブ・ディレクションはすべての意

思決定に必要なスキルです。特にチームワークで何かを進める時には欠かせないと言っていいでしょう。寿司屋の大将になった友人の高崎くんも時にCDであるべきだし、広告会社とプロジェクトを共にするクライアント担当者も大きな意味でクリエイティブ・ディレクションをするべきだと思います。

クリエイティブ・ディレクションは 「チューニングをする仕事」

CDの仕事を一言でいうと「世の中からの受け取られ方をチューニングする仕事」だと僕は考えています。

寿司屋で言うなら、高級寿司なのか大衆寿司なのか。伝統寿司なのかフュージョン寿司なのか。若者向けなのかシニア向けなのか。どれも酢飯の上に新鮮な魚介が乗っているというお寿司テンプレートは変わりませんが、自分がどんな寿司屋として勝負するのかが変わってきます。その方向性を決めること。それこそがクリエイティブ・ディレクションです。だからこそ、宣伝担当者にとって重要なスキルなのです。

寿司屋は自分で握らなくてはいけませんが、マーケティング・コミュニケーションでは全てを自分でやらなくていい。むしろ全部やることは不可能です。様々な技能の様々な専門家とチームで働くことになり、その時にもクリエイティブ・ディレクションが必要になってきます。つまりクリエイティブ・ディレクションとは「バラバラの専門家たちに、向かうべき方向性を指し示す力」とも言えそうです。

制作はベクトルの合成と同じ みなが同じ方向を向く

高校の数学の授業でベクトルが出てきました。僕は数学が苦手で、ベクトルに関しては「なかったこと」にしたのですが、それでもベクトルの合成の話は感覚的に理解できました。

どんな大きな力でも角度が離れていると、足したときに大きな力になりません。それどころか、後ろ向きに作用するとマイナスの力に

なってしまいます。僕はクリエイティブ・ディレクションを考えるときにはこの図を想像しています。つまりクリエイティブ・ディレクションを強く働かせるためには、できるだけピンポイントで具体的な方向を指し示すことが重要なのです。全てのベクトルを同じ方向に向けて重ね合わせれば、力はどんどん強くなる。これが理想です。

ではどうしたら自分が指し示している方向が正しいと自信を持てるのでしょうか。

視座の問題であり 技術の問題ではない

漫画や映画で合戦の様子が描かれるとき、本陣は必ず高い丘の上にあります。将軍や軍師の下には常に伝令が飛び交い、たくさんの情報が集まっていることがわかります。僕はできるだけ自分をこの状態に持っていきたいなと考えています。

人に方向を指示するには、人よりも高い視座を持つことが重要です。正しい情報をもとに、正しい課題を発見し、確からしい道筋を鳥瞰で見つけることを目指します。誤解を恐れずにいえば、CDになるためには、美大を出ている必要も、コピーライター養成講座を受講する必要もないのです。チームに向かって、正しいゴールを指し示すことができたら、それがクリエイティブ・ディレクションです。実際の表現なんて専門家に任せてしまえばいいのです。広告会社のクリエイティブは、そんな情熱を持ったクライアントCDに出会えると、とてもやる気が出ます。

まとめると、クリエイティブ・ディレクションとは「世の中からの受け取られ方をイメージする力」と「どうしたらそれが実現できるのかを指し示す力」の2点に集約されると考えます。それができる人は入社1年目の新人宣伝担当でもCDだし、宣伝担当でない研究開発の人であってもいい。そして、この力はあらゆるビジネスシーンに必要だと思います。

そんな大事なスキルであるCDを、狭義の「クリエイティブ」の中に納めてしまうのはもったいないし、危険だとすら思います。もはや説

クリエイティブ・ディレクションの極意

☑ 重要なのは、「世の中への受け止められ方をチューニングする力」と「それをどうやって実現するかをチームに指し示す力」。

☑ 大切なのは視座であり、技術ではない（経験はちょっとだけ必要）。

☑ CDのCはCreative、Consulting 、Context、CX。現代のCDはすべてをディレクションする必要がある。

明するまでもありませんが、ブランドと生活者の接点はかつてないほど増えています。生活者が接する情報は圧倒的に増え、ブランドらしさを感じる瞬間は、広告以外にいくらでもあります。特にウイルスによって未曾有の危機が襲っている今のような時代、企業の姿勢や行動でファンがついたり離れたりしていきます。

これからのCDがディレクションするのは「広告表現」だけの狭義のクリエイティブだけではないはずです。

CDのCはCreativeだけでない 3つのCが必要な要素

これからのCDには３つのCが必要です。それはConsulting（コンサルティング力）、Context（文脈力）、CX（顧客体験の設計力）の3

つだと僕は考えています。

①Consulting
ここで込めた意味は、ビジネスにコミットして、あらゆる方法で課題解決するということです。企業の宣伝担当の方には当たり前のことかもしれません。広告会社のCDである自分への自戒を込めて。状況によっては広告をやるべきでない時もあるかも知れません。表現的なアイデアなど必要ないかもしれません。とにかくブランドのために何ができるかを一緒に考えること。そのために早めからお手伝いできればそれに勝る喜びはありません。

②Context
どんなに正しい課題と向き合い、商品や市場の課題解決をする素晴らしいアイデアでも、それを受け取る世の中の文脈なしでは、それ

は伝わっていきません。炎上するのか、好意的に拡散されるのか紙一重の時代です。世間のコンテクストを読み切って、世の中に伝わるように変換する能力が、これからのCDには不可欠です。

③CX（カスタマーエクスペリエンス）
例えば、Amazonのタグラインを知っている人はほとんどいません。でもなぜAmazonを使うかというと楽だから。使いやすさが好きなブランドを規定する時代です。今、コミュニケーションのパワーバランスは消費者優位に傾いています。メール対応ひとつで良くも悪くも拡散してしまう世の中です。消費者が接するあらゆる体験をディレクションして、その積み上げでブランドをつくっていく、という姿勢がこれからのCDにはもっと重要になるでしょう。

図1　「ベクトルの合成」のイメージ

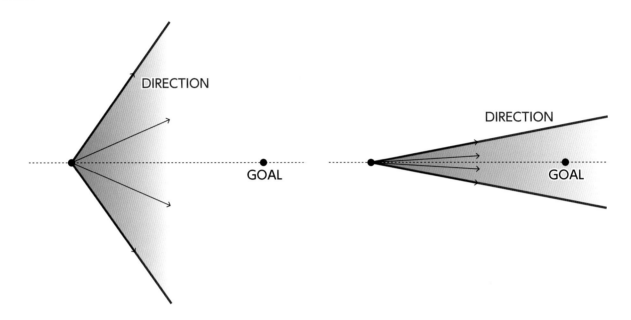

**どんなに大きいベクトルでも
ゴールと方向を合わせないと
強い推進力にならない。**

**方向を絞ることで、
合成されたベクトルは
遠くまでリーチするようになる。**

リモート時代の
クリエイティブ・ディレクション

クリエイティブ・ディレクションに求められる領域は多岐にわたります。だからこそ、全てをひとりでやる必要はないのです。正しい方向（ディレクション）を指し示すこと。そこに真摯な熱があること。チームを信頼すること。そんなクライアントと僕らは働きたいと思います。一方、広告会社のCDもより高い視座を持ってビジネスに貢献していく姿勢が欠かせなくなっていきます。

現在のウィズコロナ時代、遠隔で働くことが当たり前になっていくはずです。リーダー同士が深く会話して、深く理解し合い、同じ方向を指差していられれば、たとえ直接会わなくてもスピードが落ちることはないはずです。ニュートンが万有引力を発見したのは、ペストの流行で家に閉じこもっていたときだと言われています。今後、仕事の進め方を始め、いろんなことが大きく変わっていくことでしょう。消費者のマインドも、購買行動も変わります。そんな時代を、同じ方向を向いて共に歩んでいける存在になりたいと、エージェンシーのクリエイティブは考えています。

profile

 新沢 崇幸氏
Takayuki Arasawa

博報堂、TBWA\HAKUHODOを経て2019年から現職へ。ヤングロータス優勝、Cannes Lions、ACC賞など受賞。JAAA Creator of the year、Cannes Lions Film部門審査員。

「クリエイティブ・ディレクション」にまつわる Q&A

回答者
Wunderman Thompson Tokyo
新沢崇幸 氏

Q.1 広告主の宣伝部門（発注側）がクリエイティブチームをマネジメントするときのコツを教えてください。

A. 一緒に同じ方向（ディレクション）を向きましょう。

クリエイティブチームはあくまで広告主のやりたいことを実現するための存在です。だからこそ対峙する形で互いに向き合うのではなく、隣に並んで同じ方向を向いて仕事をしたいと思います。プロジェクトが目指すゴールを、同じ方向を向いて、正確に具体的に共有できれば、そこから大きくブレることはなくなります。あと、もうひとつ大事だと思っているのは、広告主にはできるだけ遠くを指差していただきたいのです。どんなゴールを目指しているのか、さらにその先で何を達成したいのか。そもそもどうしてそこを目指すのか。そんなディレクションを示してもらえれば、そこに至るまでの目の前の細かな道づくりは僕らが嬉々としてやります。

Q.2 広告主の宣伝部門（発注側）は、クリエイティブについてどのくらい知識をつけておくべきでしょうか。

A. スタイルによります（知識が全くなくても仕事はできます！）。

これはとても難しい問題です。ただ、間違った知識なら、ないほうがよっぽどいいといえます。家を建てるとき、20年前の本から得た知識で建築士に細かな指示を出し続けていたら、本当に住みたい家はできないと思います。それよりは、自分が住みたい理想の家の話をしたほうがきっといい。それと同じです。本当に成し遂げたいことを高い視座で語る、大きなディレクションをもらえれば、クリエイティブチームはそれを実現するためのプロフェッショナルな提案をすべく尽力します。もちろん詳しい知識のある人とのプロフェッショナルな議論も歓迎です。自分が建築科を出ていたら、建築士とディープな建築議論ができるでしょう。いずれにせよ、狭い意味での「クリエイティブ表現」より、ブランドが向くべき大きな方向性の議論ができるといいと思います。

Q.3 外部パートナーを起用する場合、制作が始まってからは任せたほうがよいのでしょうか。途中で方向性が違うと感じたら指摘してもよいでしょうか。

A. いつでも指摘すべき。ただしプロのやり方も傾聴すべき。

初めて「スター・ウォーズ」の脚本を読んだ全ての人が、これは最悪のB級映画だと思ったというエピソードが、僕は好きです。つくり手の意図は時に、最終的に形になるまで理解しがたいことがあります。同時に制作側は、自分たちの意図を伝えるべく何度でも説明すべきです。「クライアントが分かってくれない」のであれば、分かるまで説明しなかった自分が悪いと思うべきです。とにかく、目指すべきゴールについて、何度でも話し合って、意見と感覚をすり合わせておけば大失敗はなくなります。逆にそこが不確かだと、細かな手法でどれだけ合意しながら進めても（例えばCMで言えば画面を明るく！とか、商品を早く出す！とか）、最終的に「なんか違ったな」ということになり得ます。遠くのゴールをピンポイントで共有する。それができるチームは無敵ですね。

Special interview

コンセプトづくりのスペシャリストに聞く

ビジョンとコンセプトが必要不可欠な時代人の行動を生む「伝わるコンセプト」とは?

POOL inc.
コピーライター／クリエイティブディレクター

小林 麻衣子 氏

コンセプトは概念ではないビジョンを実現するための羅針盤

「コンセプト」とは何か?この問いに明快に答えられる人は、ブランディング業務に携わっている人でさえも少ないのではないでしょうか。「コンセプト」は日常で触れる機会が多いにも関わらず、分かりやすい共通定義がなく、実に曖昧で、なんとなく扱われていることが多いのです。しかし、曖昧ではない「ちゃんと機能するコンセプト」があれば、プロジェクトや広告コミュニケーションが劇的に円滑になることも事実です。そのようなプロセスを何度も私自身が体験してきました。その経験値から、自分なりの考えをシェアしたいと思います。

では、「ちゃんと機能するコンセプト」、つまり、良いコンセプトとは何でしょうか?そこに行き着くためにはまず、コンセプトの役割をクリアに知ることが必要です(図1)。

「コンセプト」とは、直訳の通りの「概念」やイメージワードではなく、そのブランドや事業が目指す理想＝ビジョンを実現するための、指針となるワードのこと。行きたい場所へ導く羅針盤のようなものです。そのブランドや事業が、なぜ世の中に新しい価値を提案したいのかという動機(WHY)・目指したい理想がビジョン。それをどう実現するか(HOW)をワード化したものがコンセプト。それによって、世の中に施策(WHAT)が生み出されます。しばしば、「ビジョン」と「コンセプト」は混同されますし、そこを分けなくてもいいと考える人もいるかもしれません。しかし、「これからの社会、地球、人にとって持続可能な良いこととは何か。本当の豊かさや幸せとは何か」という価値が重要視される時代に、社会に対する強い意志や、示唆に富んだ「ビジョン」がないブランドや事業は、人々から共感を得にくく、淘汰されていくと思います。強いビジョンと、それを実現に導く強いコンセプトという2つのエンジンが、これからますます大切になってくるはずです。

機能するコンセプトと残念なコンセプトの違いは?

しかしながらコンセプトの中には、「それ言われてもどうしたらいいかわからないよー」という残念なものも多く存在します。この「どうしたらいいか意味不明」というのが、コンセプトとして一番ダメ。なぜなら前述したようにコンセプトの役割とは、大きな思想(ビジョン)と達成したい施策(新規事業や商品販促など)に対して、「興味・共感を持ってもらい」「行動する意味がはっきりわかる」コトバだからです。例えば、商品コンセプトだとしたら、組織の内部が開発する時の判断基準になったり、ユーザーが「買う」行動を起こしたくなるコトバであるべきです。残念なコンセプトに多いのは、なんとなく耳当たりの良いイメージ的なコトバ。企画書上に、形式的なお題目として置かれたコンセプトにありがちですね。または、「北欧カフェ風」など形やトーンを示すだけで、価値の提案がないコトバがコンセプトと言われていることもあります。しかし良いコンセプトには、ユーザーの体験価値や社会への新提案など、行動につながる指針があります。正確な一語一句は忘れてしまいましたが、「すべてが遊び場になる幼稚園」という、ある幼稚園の開発コンセプトがあります。これは実に明快です。これからの子どもの心身の豊かさを考えた時に「遊ぶという好奇心こそを育てたい」というビジョンを持ち、それを実現するために「教室とか園庭とかいう枠を取っ払った、丸ごとどこでも遊べる幼稚園をつくろう!」というコンセプトを掲げたのだと思います。ユーザーである保護者に幼稚園の思想が伝わりやすく、「通わせてみたい」という行動を刺激しますし、さらに空間やコンテンツを開発するチームにとっては「何をつくればいいか・目指せばいいか」が分かりやすい。「だったら、トイレもちょっと面白くつくっちゃう?」みたいに、つくり手もアイデアが出しやすくなる。この例のように、表現に溺れずに平易で普通のコトバで、人々に明確な理解や行動を促すものが、良いコンセプトだと思っています。

「伝える」コンセプトより「伝わる」コンセプト

コンセプトワードに限らず、コミュニケーション全般に通じる話ですが、送り手の目線で「伝えているだけ」のコトバはただのエゴで、人には伝わりません。受け手の目線で「伝わるように変換している」コトバは、人を動かします。

分かりやすい例として「所得倍増計画」という高度経済成長期の政策があります。普通は送り手(政府)の目線で「GDP倍増計画」とかいう政策名になりそうですが、これが優れているのは、受け手(国民)の目線で「所得倍増」と表現しているところ。GDPなんて言われても他人ごとに聞こえますが、所得と言われたらいきなり自分ごとになります。これにより、「日本の未来のために国力を上げます」というストーリーではなく、「あなたの所得を倍増します。一緒に明るい日本の未来をつくりましょう」という国民に嬉しいストーリーに変換されており、政府のビジョンも魅力的に伝わります。受け手が共感もしくは自分ごと化で

図1 ビジョン・コンセプト・プランの役割

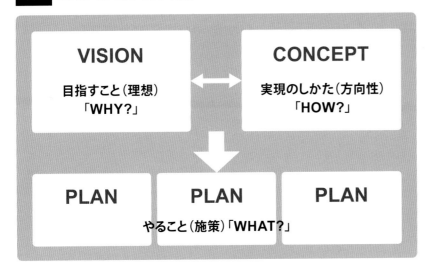

「ビジョン」とコンセプトの両輪によって、 世の中に様々な施策を生み出すことができる

※ビジョンと施策アイデアが先にあって、 それを実現するためにコンセプトを作るというケースもある

HOW to sale（どう売るか）のコミュニケーションコンセプト、HOW to create（どうつくるか）の開発コンセプト、HOW to act（どう活動するか）の活動コンセプトがあるが、ユーザーにとっても、つくり手にとっても、提供価値が分かり、「行動する（買う・つくる・活動する）基準になる」という、コンセプトの基本の役割は同じ。

きるコトバとストーリーの開発は、人が"動く""機能する"コンセプトワードをつくる基本の視点です。

コンセプトが共通指針になれば クリエイティビティが解放される

当社では広告から都市開発に至る多領域でブランディングを手がけていますが、コンセプトがプロジェクトを円滑にした事例として、京阪グループが京都に開業した複合施設「GOOD NATURE STATION」があります。マーケットからホテルまで複数のコンテンツがあり、建築をはじめ様々なプロフェッショナルが関わっていたため、みんなが同じビジョンと指針を持てるかが、強いブランド価値をつくる鍵でした。しかし当初は「ビオ」というテーマしかなく、関係者はどんなビオをつくればよいか戸惑っていました。そこで打ち出したコンセプトが「地球にも人にもいいこと

を楽しむ『GOOD NATURE』という新しいライフスタイル」。認証基準に縛られた堅苦しいビオではなく、ビオをもっと楽しみ、気軽に取り入れる新時代のナチュラルスタイルです。この指針ができたことで、メンバーに目指すべき方向が共有され、各コンテンツに「GOOD NATURE」を軸としたメッセージ性や提案性が増していきました。この時、大切にしていたディレクションが、メンバーそれぞれが「GOOD NATURE」を自分で考え、自分の個性や専門を生かしたアイデアを形にしてほしいということ。コンセプトは方向を示す羅針盤ですが、人を縛るルールではありません。大きな目的が変わらなければ、行き方、やり方は、その人やチームそれぞれでいい。コンセプトという共通のディレクションがあるからこそ、「じゃあ自分だったらこうやってみよう」という、それぞれの専門やクリエイティブの力が生かしやすくなるのだと思います。コンセプトには、前向きな議論を生み、人の

図2 小林氏が手掛けた事例 「GOOD NATURE」

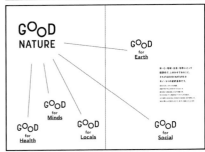

インナー向けコンセプトブックから抜粋。

コンセプトづくりのポイント

☑ **コンセプトはビジョンを実現させるための指針となるワード。**

☑ **伝わるコンセプトは平易で普通のコトバで、人々に明確な理解や行動を促すもの。**

☑ **コンセプトが定まっていれば、それぞれの専門性やクリエイティビティが生かしやすくなる。**

クリエイティビティを開く力もあるのです。

コンセプトに必要なのは
社会をより良くしようとする視点

最後にお伝えしたいのが、コンセプトは小手先のテクニックではつくれないということです。先にも触れましたが、「より良い世界をつくるにはどうすればいいか」という視点がなければ、この時代に共感され、人を動かすコンセプトは生み出せないと思います。

当社でブランディングのお手伝いをしている金沢のクリエイティブ集団「secca」の、「Plakia」「ARAS」というプラスチックプロダクトがあります。彼らは「プラスチックの存在意義を変え、社会に良いプラスチックを生み出す」というビジョンのもと、「半永久に使える美しいプラスチック製品」というコンセプトで開発をしています。丈夫で機能的というプラスチックの特性に、美しいデザイン性をかけ合わせることで、使い捨てではない、永く使われるプラスチックという新価値を生み出し

ているわけです。「プラスチックは社会の悪」という従来の観念を逆転し、「持続可能で社会にも良いプラスチック」というストーリーに変換しているところが、とても革新的で、素敵な視点だと思います。

自分の仕事は開発案件や起業じゃないから……という人もいるかもしれませんが、自社の商品販促であっても、クライアントから依頼された広告案件であっても、今必要な視点は同じだと思います。もはや、人や社会にとって嬉しいストーリーがないモノゴトは、広まりにくく、売れにくい。モノゴトを広める広告という領域にこそ、広い尺度でストーリーごと生み出せるクリエイターが求められています。本当に機能するコンセプトを生み出す原動力は、現状への疑問や、時には怒りだったり、つまりは人や社会への愛の視点です。どんな案件であっても、課題解決や提案の精神を持って考えてみると、今抱えている自分の仕事のコンセプトクリエーションが、少しアップグレードされるのではないでしょうか。

profile

 小林　麻衣子氏
Maiko Kobayashi

POOL inc.
コピーライター／クリエイティブディレクター
スターバックス「#ストロベリーベリーマッチフラペチーノ」などの商品開発・広告キャンペーンから、施設・都市開発まで多領域でブランディングを担当。ホテル「THE THOUSAND KYOTO」がグッドデザイン賞を受賞。

徹底活用！
広告制作プロダクションガイドの見かた ▶▶▶

022ページからは制作会社の基本情報や作品などを掲載しています。

そこで、はじめにこの本の見かたをご紹介しておきましょう。

掲載企業の業務領域や得意分野、どんなクライアントの仕事をしているのか、

その作品および解説をじっくりチェックして、最強の制作パートナーを見つけましょう。

※すべての記載内要は各社の判断に基づきます。

掲載企業の詳細、強みなど 制作会社の概要や強みが書かれています。

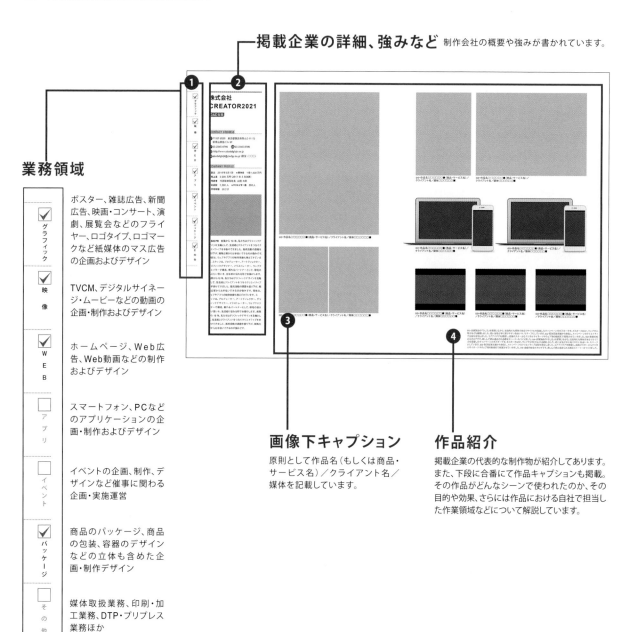

業務領域

☑ **グラフィック**
ポスター、雑誌広告、新聞広告、映画・コンサート、演劇、展覧会などのフライヤー、ロゴタイプ、ロゴマークなど紙媒体のマス広告の企画およびデザイン

☑ **映像**
TVCM、デジタルサイネージ・ムービーなどの動画の企画・制作およびデザイン

☑ **WEB**
ホームページ、Web広告、Web動画などの制作およびデザイン

☐ **アプリ**
スマートフォン、PCなどのアプリケーションの企画・制作およびデザイン

☐ **イベント**
イベントの企画、制作、デザインなど催事に関わる企画・実施運営

☑ **パッケージ**
商品のパッケージ、商品の包装、容器のデザインなどの立体も含めた企画・制作デザイン

☐ **その他**
媒体取扱業務、印刷・加工業務、DTP・プリプレス業務ほか

画像下キャプション

原則として作品名（もしくは商品・サービス名）／クライアント名／媒体を記載しています。

作品紹介

掲載企業の代表的な制作物が紹介してあります。また、下段に合番にて作品キャプションも掲載。その作品がどんなシーンで使われたのか、その目的や効果、さらには作品における自社で担当した作業領域などについて解説しています。

広告制作
プロダクションガイド
基本情報＆作品

全36社（●はOAC会員社／●はその他企業）
※掲載は原則アイウエオ順です

有限会社
アイル企画

OAC会員

CONTACT ADDRESS

📍 〒160-0022　東京都新宿区新宿 3-11-10
新宿 311 ビル 9F

📞 03-3341-5626（代表）　FAX 03-3341-5745

🌐 https://www.ill-kikaku.com

✉ info@ill-kikaku.com（担当：中村）

COMPANY PROFILE

● 設立　1982年7月30日　● 資本金　500万円
● 売上高　3億8,000万円（2019年12月決算）
● 代表者　代表取締役社長　長澤幸四郎
● 社員数　33人　● クリエイター数　30人
● 平均年齢　31.9才

● 会社PR　私たちはアナログが主流であった1982年に新宿で生まれました。
それから時代の流れは急速に変化していきました。誕生から38年。常にアンテナを張り巡らせ、歩んできた結果が現在の発展にいたっていると自負しております。ユーザー側に立った思考を忘れず、私たちがクライアントとの架け橋になり、伝達していく心を忘れることはありません。これからもエディトリアルデザインにこだわりを持ち、より幅広い媒体に完成度の高い制作物を提供していけると信じています。
2020年は、コロナ禍により、激動・試練の年となりました。しかし、時は止まることなく流れていきます。その流れに逆らわず、上手に乗っていくことに真価があると考えます。私たちは止まることなく、挑戦していきます。

01・銚子で想い出集めラリー／JR東日本（広告代理店：ジェイアール東日本企画）

©主婦と生活社・CHANTO WEB 2020年4月

02・CHANTO Web×パルシステム生活協同組合連合会／主婦と生活社／中吊り広告

03・trim／
エデュワードプレス／雑誌

04・サッカーダイジェスト
日本スポーツ企画出版社／雑誌

05・大日本図書／令和2年版 たのしい算数（1～6年）／教科書

06・Slugger／
日本スポーツ企画出版社／
雑誌

07・CRAZY ATHLETES magazine
／スポーツブル(株)運動通信社／
フリーペーパー

12・アスクルカタログ2020秋・冬特別号／アスクル／通販カタログ

08・ワールドサッカーダイジェスト／
日本スポーツ企画出版社／
雑誌

09・北海道日本ハムファイターズ
オフィシャルガイドブック2020／
／雑誌

13・ロングブレス1週間
即やせプログラム／
幻冬舎／書籍

14・どんな服でも似合う人に
なる 着こなしの法則／
日本文芸社／書籍

15・自分ツッコミくま占
い／日本文芸社／書籍

10・ダンクシュート／
日本スポーツ企画出版社／
雑誌

11・Timely!／
ACE株式会社／
フリーペーパー

16・図解 眠れなくなる
ほど面白い 免疫力の話
／日本文芸社／書籍

17・痩せる!リバウンドしな
い! たんぱく質量ハンド
ブック／日本文芸社／書籍

18・ハイクラスな人のコ
ミュニケーションのルール
／秀和システム／書籍

01・手軽に、素敵なことが出来そうな雰囲気を出しました。 02・車内で目立つよう手書き文字で爽やかさも意識。 03・トリマーさん向け専門誌。情報を整理し見やすさを意識しています。 04・企画の区切りが分かりやすいよう飾りや色の統一性を意識しています。 05・教科書という新しい分野にチャレンジし、とにかく細部までこだわって制作しました。 06・日本唯一のメジャーリーグ専門誌。写真の迫力を活かすデザインに。 07・写真のトリミングやレイアウトで迫力が出るように心掛けています。 08・写真やデータの見せ方にこだわり、楽しげな誌面に見えるように意識しています。 09・同じ時期に各球団が揃って発売するので、個性的な表紙のデザインにしました。 10・文字のサイズやカラーなどメリハリを意識しています。 11・球児にも伝わるデザインを心がけています。 12・情報をしっかり整理して、見やすい楽しいカタログを意識しています。 13・ロングブレスの勢いを色と文字の配置でわかりやすく表現。 14・イラストの良さが引き立つお洒落なデザインにしました。 15・キャラクターの味を存分に活かしたデザインにしました。 16・「免疫力」の力強さをオリジナルキャラクターで表現。 17・あらゆる食材のたんぱく質量をわかりやすくデザイン。 18・「ハイクラス」感をひと目でわかるモチーフで上品さも意識。

株式会社 アクロバット

OAC会員

CONTACT ADDRESS

📍 〒150-0002　東京都渋谷区渋谷1-4-12
富田ビル6F

📞 03-5464-3981　📠 03-5464-3982

🌐 http://www.acrobat.co.jp

✉ info@acrobat.co.jp（担当：廣川）

COMPANY PROFILE

- **設立** 2000年2月2日　●**資本金** 1,010万円
- **売上高** 3億6千万円（2020年1月決算）
- **代表者** 代表取締役　杉谷一郎
- **社員数** 25人　●**クリエイター数** 24人
- **平均年齢** 35才

●**会社PR**　グラフィック、Web、映像、アプリ。現代の企業コミュニケーションに欠かせないあらゆる媒体の企画と制作を、私たちはワンストップでご提供することができます。コンセプトやキービジュアルの開発はもちろん得意とするところですが、そのメッセージを柱に、どんなコミュニケーションの手法を取るべきかを考えることも、私たちの重要なサービスのひとつになっています。商品の特徴やプロモーションの目的に合わせて最適なソリューションと、最良のクリエイティブをご提案いたします。

[就職をお考えの皆さまへ]

会社はひとりひとりのデザイナー、コピーライターの自己実現の場でありたいと考えています。ですから何より大切にしているのは、スタッフ個々のモチベーション。やる気と結果さえ出せば、時間の使いかたは本人の自由です。創業20年のまだ小さな会社ですが、気持ちと態度は大きく、オール業種・オール媒体に強いプロダクションを標榜しています。創業の混乱期を終え、これからが成長期。豊かな才能をもつ方との出会いを楽しみにしています。

※募集状況・会社説明会のご案内は、当社ホームページをご覧ください。

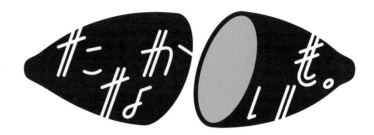

01・たなかいも。／ロゴデザイン

02・たなかいも。／キービジュアル

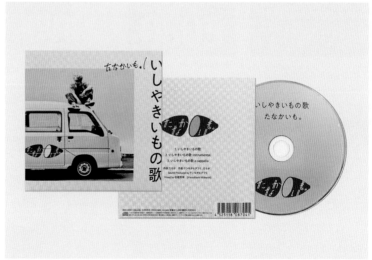

03・たなかいも。／CDジャケット

04・マテリアプリマ／チェントトレンタ／パッケージ

05・東横のれん街NEW OPEN／渋谷ヒカリエ ShinQs／OOH

06・ハッピーバレンタイン／渋谷ヒカリエ ShinQs／ポスター

07・クリエーターズ・マーケット／渋谷ヒカリエ ShinQs／ポスター

08・香りキャンペーン／ニューオークボ／ポスター

09・2020年ブランド広告／駿台予備校／交通広告

01〜03・たなかいも。は、「ぼくのりりっくのぼうよみ」という名でソロのシンガーソングライターとして活躍していた"たなか"さんが、音楽活動をやめて起ち上げた焼きいも屋さんです。ブランディングデザインのすべてを当社で手がけました。ロゴ、ポスター、移動販売車、CDジャケット、歌詞カード、Tシャツなどです。04・マテリアプリマは、高品質で厳選した美容成分をシンプルに提供する美容原液ブランド。新時代のスキンケアを感じさせるパッケージを模索し、このデザインにたどり着きました。05・東横のれん街が引っ越しして渋谷ヒカリエの地下に。フードとカルチャーの融合をビジュアルで表現しました。06・イラストレーターは白尾可奈子さん。誰かにチョコレートを贈るだけではなく、女性自身が楽しむバレンタインがコンセプトです。07・作品ではなくクリエイターにフォーカスを当て、似顔絵と制作にまつわる道具を、星野ちいこさんに描いてもらいました。08・ニューオークボのパスタの際だつ小麦の香りにフォーカスしたキャンペーンポスター。小麦をもつフォークは合成でなく、手づくりしています。09・2020年度に展開された「駿台予備校」のブランド広告のビジュアルを当社で担当しています。

グラフィック ☑

映像 ☐

WEB ☑

アプリ ☑

イベント ☐

パッケージ ☑

その他 ☑

株式会社アズワン

OAC会員

CONTACT ADDRESS

📍 〒162-0804　東京都新宿区中里町29-3
菱秀神楽坂ビル1F
（2021年1月移転予定
詳細はWebサイトをご覧ください）

📞 03-3266-0081　📠 03-3266-5966

🌐 http://az1.co.jp

✉ eigyou@az1.co.jp

COMPANY PROFILE

● **設立** 1996年10月23日　● **資本金** 4,000万円
● **代表者** 代表取締役社長 中田朋樹
● **社員数** 27人　● **クリエイター数** 27人
● **平均年齢** 44才

● **会社PR**　アズワンは、DTP制作会社としてスタート
しました。その後、仕事の領域を広げ、現在では雑誌や
広告の編集、デザインも行っています。社内には編集
ディレクター、デザイナー、DTPオペレーター、校正者
が在籍し、制作物の企画からフィニッシュまで一貫した
制作体制を敷いています。また、DTP用アプリケーション
の開発・販売、書籍の出版なども行っています。
広告・販促物の制作は、私たちの主力業務のひとつで
す。これらの制作においては、企画、デザイン、ライティ
ング、写真撮影、DTPなど、さまざまなスタッフの連携
が不可欠です。アズワンは、総合制作会社として、お客
様が求める目的に応じて適切な人材を集めてチームを
編成。制作にともなう煩雑な指示・管理業務の一切を
ディレクターが代行し、ワンストップでの制作体制を可
能にしています。

カタログXCMSで
制作ワークフロー改革しませんか

　すべての業種で生産性向上が求めら
れる時代。印刷物の制作も例外ではあり
ません。アズワンでは、自動組版を使っ
た制作プロセスの合理化をご提案して
います。当社は、1993年に前身となる
会社で事業を開始して以来、自動組版
に取り組んで28年の実績があります。
現在では、年間で1万ページ以上を制
作しており、多くの企業様のカタログ制
作業務において時短、コストダウン、品
質向上を実現しています。

　アズワンが現在、力を入れているの
が、カタログXCMS®の導入支援です。
カタログXCMS®とは、(株)プロフィー
ルドが提供するサーバー自動組版機能
を備えたカタログ制作ソリューション
パッケージです。このカタログXCMS®
と、国内実績No.1の商品データベース
eBASEを連携させることで、基幹系
データベースとインデザイン制作環境
をシームレスに統合。商品情報の管理・
データの受け渡し・内容確認・校正など
のプロセスを自動化して、カタログ制作
の膨大な手間と時間を大幅に削減しま
す。しかも、データ連携だから、制作プロ

セスで発生する誤植・誤掲載も抑止で
きます。導入には制作会社の協力も必
要となりますが、国内有数の実績を誇る
のが、アズワンです。課題をもつ企業様
のために、"システムありき"でなく、真に
課題解決のためのワークフロー改革を
ご提案いたします。

様々なDTPソリューションを
ワンストップで提供

　アズワンでは、雑誌の編集・制作に長
く携わってきた経験を活かし、Adobe
InCopyを使った雑誌制作ソリューショ
ンを開発しました。Adobe InCopyとは、
InDesign環境を持たない人でもテキ
スト編集を行えるようにするソフトで、こ
れを使えば、編集者やライターが直接、
InDesignデータを編集でき、デザイ
ナーに文字修正を依頼する必要がない
ので、制作の効率化を実現できます。

　今までの制作にムダを感じる。制作効
率を上げたい。ミスを防ぐシステムで制
作したい。テレワークに合わせた制作体
制を構築したい。など現状を変えたいお
客様のお手伝いを仕組みで解決するの
がアズワンのソリューションです。

01・オフィシャルサイト／一般財団法人建築行政情報センター

02・自衛隊新戦力図鑑2020／株式会社三栄／情報誌

03・CHEER Vol.3／株式会社宝島社／雑誌

04・自動組版ソリューション読本／アズワン

01・一般財団法人建築行政情報センターのオフィシャルサイト。リニューアルにともない、お客様自身でもコンテンツ更新が行えるWebサイト制作をご提案し、サイトの構築・デザインを行いました。**02**・株式会社三栄発行の自衛隊情報誌。当社の企画として編集からデザイン、DTPまで一貫して制作を行いました。**03**・株式会社宝島社発行のエンタメ雑誌。全てのページのDTPを担当し制作を行いました。**04**・自動組版ソリューションの自社PR冊子。デザインや漫画のストーリー構成を行いました。カタログ制作に自動組版を取り入れることによって、時短とコストダウンにつながることをわかりやすく漫画で紹介しています。

株式会社 アドブレーン

OAC会員

CONTACT ADDRESS

〒100-0011　東京都千代田区内幸町1-2-2
日比谷ダイビル 2F 12F

03-6457-9112　FAX 03-6457-9120

https://www.adbrain.co.jp

office@adbrain.co.jp

COMPANY PROFILE

● 設立　1962年7月　● 資本金　5,200万円
● 代表者　代表取締役社長　喬橋敏憲
● 社員数　123人　● クリエイター数　107人
● 平均年齢　34.8才

● 会社PR　私たちアドブレーンは、58年の歴史を誇る広告制作会社。創業以来今日まで、数多くのナショナルブランドの広告を手がけてきました。広告制作は「人間産業」。それがアドブレーンの企業理念です。自分と向き合い、チームや仲間と助け合い、クライアントの方々との信頼関係を築いてきたことが、私たちの大切な財産。これからも社員ひとり一人の個性や能力を大切にしながら、ロマンとビジネスが共存する職場づくりを進めていきます。

01・2020年夏キャンペーン／UQコミュニケーションズ株式会社／店頭販促物、OOH、Web等

02・BORN FROM WRC GR YARIS／トヨタ自動車／Webバナー

03・SUQQU 2021プレサマー／エキップ／Web等

04・国立競技場オープニングイベントロゴ／日本スポーツ振興センター／ロゴ・看板・ポスター等

05・映画「犬鳴村」／東映株式会社／ポスター

06・お菓子は、ラブであふれている。／
株式会社ヨックモックホールディングス／企業広告

07・2020年講談社大図解／株式会社講談社／
企業広告

08・カップヌードルとは篇／日清食品ホールディングス㈱／ポスター等

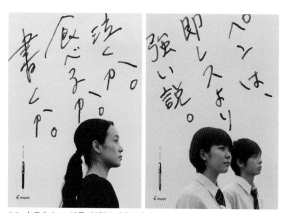

09・カスタム ヘリテイジ91／カスタム 74／
株式会社パイロットコーポレーション／新聞15段、A2ポスター

10・「カルピスウォーター」夏季限定デザインパッケージ／アサヒ飲料株式会社
／商品パッケージ

11・マリアノ・フォルチュニ 織りなすデザイン展／
三菱地所／三菱一号館美術館／Web

01・UQモバイルとUQワイマックスのカラーでまとめた夏の花の上に、三姉妹が寝転んでいるビジュアル。大人綺麗なデザインが目を引く華やかさで、UQコミュニケーションズのサービスを印象づけました。02・「TOYOTA GAZOO Racing」から生まれたスポーツカーの広告ビジュアル。登場感と躍動感をモノクロ写真の大胆なトリミングで表現しました。03・光に向かって力強くしなやかに伸びていく花の構成で、「Wildflower Bouquet」を表現しました。04・同じ空の下で力を合わせる人類と世界の象徴であり、みんなが集まり感動を共有する場所の象徴として競技場から見上げたときの空をシンボル化。05・禍々しく、見た人のトラウマに残るようなポスターを目指しました。06・ヨックモック50周年の原稿制作にあたってお伺いした歴史や社員の方の想いには、お菓子へのこだわりと愛があふれていました。その想いが、お菓子を食べた時の幸せな気持ちや思い出につながっている、ということが伝わる原稿を制作しました。07・「おもしろくてためになる」講談社のDNA、その代表的なひとつである「少年マガジンテイストのイラスト」を用いることで、知っている世代には懐かしく、知らない世代には新鮮に映る、印象度の高い広告に仕上げた。08・発売50周年を前に、カップヌードルは真摯に商品と向き合います。何が入っているのか、お湯を入れるとどうなるのか、食べても大丈夫なのか、誰が作っているのか、地球に優しいのか、売れているのか、おいしいのかなど。五月女ケイ子さんのイラストと社内資料と橋本環奈さんのかわいい食べカットを使って、誠実にお伝えしています。09・細やかな人間の思いを「書く」以上に伝える万年筆の魅力を表現しました。10・飲み切ると新しい絵柄が出現！まるで青春時代が動き出すようなエモーショナルな「カルピスウォーター」を制作しました。放課後、屋上、下校など、学生時代のさまざまなシーンを取り上げ、購入した方にこんな青春したかった、こんな思い出があったなと想像を膨らませながら楽しく飲んでもらうことがねらいです。SNSやテレビにも取り上げられ、店頭でも欠品するなど、話題化にも成功しました。11・繊細でしなやかなプリーツのドレス《デルフォス》で、20世紀初頭の服飾界の寵児となったマリアノ・フォルチュニの展覧会グラフィック、Webサイトを制作。

グラフィック ✓

映像 ✓

WEB ✓

アプリ ☐

イベント ✓

パッケージ ✓

その他 ✓

株式会社
ウィルコミュニケーション
デザイン研究所

OAC会員

CONTACT ADDRESS

📍［東京オフィス］
〒103-0001 東京都中央区日本橋小伝馬町
12-9 東京京滋賀銀行ビルディング6F
📞03-5651-3002 📠03-5651-3007

📍［大阪オフィス］
〒550-0014 大阪市西区北堀江1-3-24
ルイール北堀江3F
📞06-6537-1901 📠06-6537-1920

🌐 http://www.wcd.co.jp

✉ kida@wcd.co.jp（担当：木田）

COMPANY PROFILE

● 設立 1996年12月24日 ● 資本金 1,000万円
● 代表者 代表取締役社長 矢野桂司
● 社員数 30人 ● クリエイター数 30人
● 平均年齢 39.5才

● 会社PR 私たちの名刺の裏には"What is commu-nication?"と書いてあります。まだコミュニケーションデザインという言葉が浸透していなかった24年前、私たちは、これからの新しいコミュニケーションを探求していきたいという決意を胸に、創業しました。その当時の想いがこの言葉に込められています。
いま、テクノロジーによっていろいろなモノゴトの意味が変わっていく中で、新しい切り口や表現から考えていくことは、リスクとなってしまいました。生活者の一人として課題やベネフィットを考察し、商品やサービスが生活者はもちろん、社会にとって、どうあるべきかを再定義する。それをもとに生活者のタッチポイントを考えて、適したコミュニケーションを構築していく。なかなか一筋縄ではいかない難しい時代ですが、裏を返せば、新しいモノ、オモシロイコトを生み出せしていける時代。日常の再定義こそ、既知のイノベーションであり、私たちがやるべきこと。「多様性」をキーワードにこれからも進み続けて行こうと思っています。

01・リクルート／鳥取大学医学部附属病院／Webサイト

02・リクルート／鳥取大学医学部附属病院／パンフレット

03・シークレットキャンパス／高野山大学／Webサイト

04・絆具（TSUNAGU）／千日前道具屋筋／Webサイト

05・ブランド紹介／タッパーウェアブランズ・ジャパン／カタログ

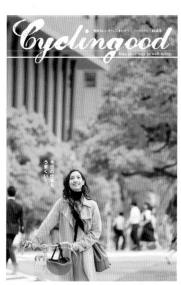

06・Cyclingood／シマノ／フリーペーパー

07・Cyclingood／シマノ／WEBサイト

08・OVE南青山／シマノ／Webサイト

01・リクルートパンフレットで掲載しきれない情報をWebサイトで補うことを目的に、学生が病院について疑問に持ちそうな項目を30個ピックアップ。その疑問にQ&A形式で答えるリクルートサイトを制作し、病院で働くイメージをより抱かせ、募集へと繋がるようにしています。02・「成長を止めない。医療人として。人として。」をテーマに、この病院で働くことの意義や職場の雰囲気、目標に向かって成長していく姿を各職種に携わる人達のインタビューを掲載した「ひと案内」（リクルート冊子）を制作しました。03・「目覚めよ。秘められし『己』の力。」をテーマに、密教を体験し自分の隠された能力や自分を知る手がかりを得るきっかけになっていただくWebサイトを制作しました。04・先人の築き上げてきた文化を未来につなぐことを目的に、大阪・千日前道具屋筋商店街が立ち上げた伝統道具の統一ブランドの紹介しています。05・タッパーウェアブランドを紹介するとともにタッパーウェアのあるライフスタイルを提案しています。06・07・自転車が便利な移動手段としてだけではなく、楽しみながらココロやカラダが健康になる存在であることをフリーペーパーとWebサイトで幅広い層に伝えています。08・自転車を楽しむ拠点として、季節の食材を味わうカフェとして、イベントスペースとしてなど、さまざまな顔をもつOVE南青山を紹介しています。

グラフィック
映像
WEB
アプリ
イベント
パッケージ
その他

株式会社
エーエイチレフ

CONTACT ADDRESS

📍 〒101-0047　東京都千代田区内神田
　　1-15-10-208（シェア型複合施設：the C）

📞 0422-77-7413

🌐 http://a-href.jp

✉ contact@a-href.jp

COMPANY PROFILE

● **設立**　2013年3月1日
● **資本金**　200万円
● **代表者**　代表取締役社長　大島雄輔

● 会社PR

「a href」とは html タグで「link」を意味します。人と人を
リンクさせ、そのリンクが波紋のように広がって欲しい
という思いが込められています。
私たちはクリエイティブな発想を持って、デザインと
エンジニアリングによる、新しい価値の創造を探求して
いるクリエイティブスタジオです。

企画・情報設計からデザイン、HTMLコーディング、
CMS構築、アニメーションによる演出まで内制作業で
シームレスに一気に行います。ほぼ全ての工程を内制
作業で行うので、最初から最後までお客様の納得のいく
品質までしっかりと丁寧に仕上げられることが弊社の
強みになります。

また、撮影やコピーライティング、大規模なシステム
開発等は専門のパートナー会社と連携して行います
ので、お客様からは安心して全てお任せ頂けるとの
お声を頂いています。

● 海外のWEBアワードの審査員を務めていました。
・Awwwards（2018〜2019）

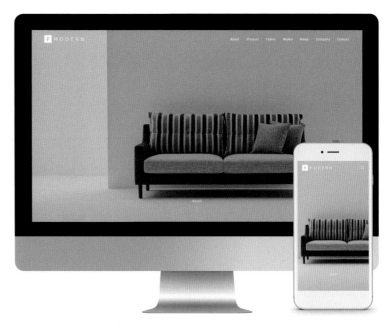

01・ブランドサイト／藤栄／Web／MOVIE

02・コーポレートサイト／TAKT PROJECT／Web　　　　　　　　　　　　　　　　　　03・フォトシュート／KITOWA／PHOTO

01・ブランドの世界観がしっかりと伝わるようなデザインを目指しました。Web用のイメージ動画も作成しています。02・作品ごとにレイアウトパターンを用意してストーリーを丁寧に伝えられるよう設計しました。03・KITOWAの新商品のキービジュアルやイメージカットのフォトディレクションを行いました。

株式会社
エージー

OAC会員

CONTACT ADDRESS

〒107-8550　東京都港区新橋2-5-5
新橋2丁目MTビル

03-5510-1591　FAX 03-5510-2630

http://www.azinc.co.jp

担当：人事総務

COMPANY PROFILE

● 設立　1962年7月　● 資本金　5,050万円
● 代表者　代表取締役社長　秋元敦
● 社員数　54人　● クリエイター数　33人

● 会社PR　エージーは1962年、広告制作会社として設立。それから50年以上にわたり、京王百貨店、カゴメをはじめ、さまざまなクライアントのクリエイティブを担当してきました。企業の商品やサービスを伝えるだけでなく、企業の「こころ」まで伝えたい。こうした考えのもとに仕事に取り組んでいます。その志は、いまも変わりません。私たちの仕事は、クライアントのコミュニケーション上の問題点を解決するアイデアを創造し、提案することです。エージーは、「魅力的で、質の高いコミュニケーションをデザインする」ことで、ブランド戦略からプロモーション戦略まで、クライアントの価値創造に貢献しつづけます。

01・カゴメトマトジュースPREMIUM・カゴメ濃厚リコピン／カゴメ株式会社／市販用ペットボトルジュース

02・KAGOME SOUP BEAUTE／カゴメ株式会社／専門店用レトルトスープ

03・VR360°バーチャル工場見学movie／牛乳石鹸共進社株式会社／HP YouTube

04・ATTESA ACT Line 2020AW／CITIZEN／
ポスター、Webなど

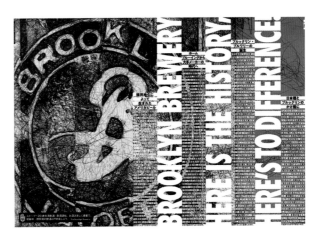

05・ブルックリン・ブルワリー／キリンビール株式会社
／フリーペーパー

06・G-SHOCK／CASIO／B2ポスター、雑誌、
SNS広告など

07・明治エッセルスーパーカップ／株式会社明治／
OOH・Web・Webムービー

08・ワンダフルなご理解を篇／AC JAPAN/日本
盲導犬協会／TVCM・Web・ポスター・雑誌・新聞

09・企業CM／全農／TVCM・Web

10・企業CM／代々木アニメーション学院／
TVCM・Web

01・PREMIUMは毎年夏のトマトの収穫時期にのみ作る商品、収穫時期には畑や工場に撮影に出向き、パッケージの他キャンペーンにおけるARゲームムービーなど全てを制作しています。濃厚リコピンは通常商品の2倍のトマト由来単位のリコピンを有する商品、濃厚さに加えて高級感を表現。02・2021JPDA入選作品。百貨店などの上階層などの専門店で対面販売される商品、素材の良さと美味しさや高級感を表現。03・熟練の職人が手間暇かけて作る牛乳石鹸の良さを実際に工場に来なくても伝えられるVR360°ムービーを作りたい。という要望に実績のある私たちを指名していただいた作品です。04・自ら道を広げていく人。挑戦する人。をブランドイメージの世界観で表現。05・偏愛のヒト・場所を主役にした表現を目指しました。ブランドの価値を伝えるニュース性を意識し、実際のタブロイド誌の輪転印刷機で制作しました。06・日本生まれのNBAプレイヤーとして活躍する八村塁選手と日本発の世界的腕時計ブランド双方のイメージを重ね、世界で活躍するクールでタフなブランドイメージを表現。07・特別ではなく「ふつう」ということをポジティブに昇華させクリエイティブとして表現しました。OOH・Web等で告知し、歌手の瑛人とのコラボによる消費者参加のキャンペーンを行いました。08・盲導犬が世間から「かわいそう」と思われている誤解を、盲導犬自らが解く企画です。09・全農の真摯な取り組みを伝える企業CM。10・ブランド価値アップを訴求したCM。

株式会社オックス

OAC会員

CONTACT ADDRESS

📍 〒151-0051　東京都渋谷区千駄ヶ谷5-11-8
F2ビル
📞 03-4500-6565　📠 03-5369-0840
🌐 https://www.oxox.co.jp
✉ ox@oxox.co.jp

COMPANY PROFILE

● 設立　1998年1月16日　● 資本金　750万円
● 代表者　井上博教
● 社員数　12人
● クリエイター数　11人（クリエイティブディレクター：
2名、アートディレクター：2名、デザイナー：3名、コピー
ライター：2名、編集ライター：2名）
● 平均年齢　35.5才

● 会社PR　オックスは、グラフィックデザインを中心に
企画から制作までワンストップで行える、「アイデア」と
「アウトプット」にこだわっているプロダクションです。
少数精鋭の制作会社らしく、一人ひとりの個性や才能、
センスを生かしながら、自由な発想と小回りの利く対応
で、ブランディング・広告・販促・広報などの幅広いクリ
エイティブワークを手がけています。近年は、PVや
Web動画といった映像コンテンツまで制作領域を
広げ、クライアント個々の動画コミュニケーションの
ご要望にもお応えしています。

［クリエイター中途採用］
採用計画、募集職種などの詳細はox@oxox.co.jpまで
お問い合わせください。

01・クリスマス／セレオ／ポスター

02・デザイン体験／山脇美術専門学校／DM

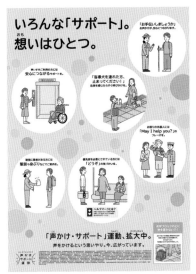

03・声かけ・サポート運動／JR東日本／
ポスター

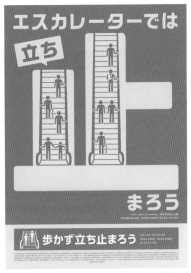

04・エスカレーター利用におけるマナー啓蒙／
JR東日本／ポスター

05・チーズフェア／渋谷ヒカリエ／リーフレット

06・シャポー小岩CLaSO／シャポー小岩／
リーフレット

07・シャポー船橋CLaSO／シャポー船橋／
リーフレット

08・誕生祭／セレオ／ポスター

09・秋のグルメメニュー／渋谷ヒカリエ／ポスター・Web

10・LIVE配信

01・クリスマスの楽しい雰囲気を繊細で味わいのある刺繍を用いてかわいらしく表現。動画も制作。作家は原公香さん。02・型抜きや形状などを工夫し、思わず手にして見たくなる、そんなDMを目指してデザインしました。03・駅や電車内での声かけを呼びかけるポスター。公共の場にふさわしいデザインを意識しました。作家は山内庸資さん。04・エスカレーターにおけるマナーを啓蒙するポスター。「止」をビジュアルにした表現で、インパクトと伝わりやすさを狙いました。05・フェアの主役であるチーズが引き立つようデザインしました。ブラックボードにチョークで描いたような文字やイラストで雰囲気のあるレトロ感を演出しています。06・春のファッションリーフレット。季節を感じるあしらいを取り入れています。年5回制作。07・クリスマスのリーフレット。ファッションや食品などの撮影・ページデザインを担当しました。08・誕生祭の告知を、控えめながら印象に残るイラストで美しく表現。動画も制作。作家は宮島亜希さん。09・レストランメニューのポスターとLPを制作。秋を感じる温かみのあるデザインにしました。10・LIVE配信業務。撮影・配信に至るまでの企画・会場装飾・台本・MCキャスティングまでトータルにサポート。その他、360°VR動画・ドローンPVも企画制作。

株式会社オンド

`OAC会員`

CONTACT ADDRESS

📍 〒107-0062　東京都港区南青山5-10-2
　　第2九曜ビル5階

📞 03-3486-1460　FAX 03-3486-1461

🌐 http://www.onde.co.jp

✉ info@onde.co.jp

COMPANY PROFILE

● **設立**　1999年10月　● **資本金**　1,000万円
● **代表者**　佐藤 章
● **社員数**　31人　● **クリエイター数**　22人
● **会社PR**　ダイレクトマーケティングをはじめとしたセールスプロモーションの、企画から媒体制作までを一貫して行うことにより、企業の"想い"を生活者に的確に届けるためのサポートをいたします。
経験豊富なベテランから笑顔が絶えない若手まで、個性豊かなスタッフが目指しているのは、効率を求めるクリエイティブより情熱を持った血の通うクリエイティブです。
● **業務内容**
○各種販促ツールの企画・制作
○ブランディング戦略の構築（Brand DNA）
○クリエイティブエキスパートによる販促ツール評価（XPP®）
○ネットリサーチによるユーザーインサイト調査（XPR®）
● **採用計画**
○新卒採用：グラフィックデザイナー若干名
○中途採用：業務拡大に応じて随時（プロデューサー/コピーライター/ Gデザイナー/ Webデザイナー）
● **待遇と勤務**
初任給：198,000円（2020年度新卒実績）＊中途採用については、実績と能力を考慮し決定　**昇級**：給与改定（年1回）　**賞与**：会社業績に応じて決定　**勤務時間**：10：00〜18：00（裁量労働制）　**休日・休暇**：週休2日（土・日）、祝日、年末年始、夏季休暇、年次有給休暇　**福利厚生**：社会保険完備（健康・厚生年金・雇用）・定期健康診断・会員制リゾートホテル及び施設の利用
● **採用のポイント**
元気の良さ、素直さ、そして笑顔。人柄は自ずと仕事に現れます。協調性と積極性を持ち、目標に向かって仕事に取り組める方の応募をお待ちしています。

01・ライトアップショッピングクラブ／各種カタログ

02・東武百貨店（池袋）／顧客催事カタログ

03・東武百貨店（池袋）／ランドセルカタログ

04・東武百貨店（池袋）／クリスマスケーキカタログ

05・東武百貨店／ギフトカタログ

06・東武百貨店（船橋）／新聞折込・ポスター

07・紀ノ国屋／新聞折込

08・紀ノ国屋／おせちカタログ

09・ハッスル★マッスル／パンフレット

10・常若／パンフレット

グラフィック

映像

WEB

アプリ

イベント

パッケージ

その他

クリエイティブ
コミュニケイションズ
株式会社レマン

OAC会員

CONTACT ADDRESS

📍 〒150-0002　東京都渋谷区渋谷1-19-25
📞 03-3407-1013（代表）　📠 03-3407-1598
🌐 http://www.cc-lesmains.co.jp
✉ info@cc-lesmains.co.jp

COMPANY PROFILE

● 設立　1978年9月　● 資本金　4,800万円
● 代表者　代表取締役社長　大橋清一
● 社員数　104人　● クリエイター数　100人
● 平均年齢　38.1才

● 会社PR　「手」を意味するフランス語からとった社名、LES MAINS（レマン）。クリエイティブ・ビジネスにおいては、「手」すなわち一人ひとりが持つ創造力以外に財産はありません。私たちは企業のコミュニケイション活動全般を担い、そのブランド価値を高めるクリエイティブサービスを提供する専門家集団です。

業務内容／企業のコミュニケイション活動全般における企画制作業務。キャンペーン企画、新聞・雑誌広告制作、TV-CM、ラジオCM制作、VP制作、カタログ・ポスター等制作、SP企画、イベント企画、パッケージ・POP・ディスプレイ制作、CI企画制作、PR誌等の編集、ホームページ制作・バナー広告・e-トレードコンテンツなどWEB関連制作物の企画制作

関連会社／株式会社ディーブリッジ

主なクライアント／本田技研工業、ミサワホーム、セコム、P&G、三井住友銀行、東急グループ、リコー、メットライフ生命、京急グループ　等

採用計画／グラフィックデザイナー、Webデザイナー、コピーライター、プロデューサー　若干名
採用者の出身大学：東京藝術大学大学院、慶応義塾大学大学院、多摩美術大学、武蔵野美術大学、日本大学芸術学部、女子美術大学、東京造形大学、首都大学東京、早稲田大学、明治大学等　入社試験：5月予定
中途採用は随時受付（履歴書・職務経歴書・ポートフォリオを郵送またはデータ送付）
連絡先TEL 03-3407-1013（代）総務部人事担当宛

待遇と勤務／初任給：大卒23万円（みなし残業手当含む）、通勤費全額支給※中途採用者の給与については経験・能力を考慮のうえ、当社規定により優遇します。
変給：年1回　賞与：年2回　勤務時間：10:30〜19:30
※裁量労働制適用　休日・休暇：完全週休2日制、年末年始休暇、その他当社規定休暇　福利厚生：社会保険完備

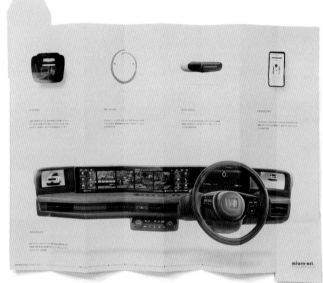

01・Honda e／本田技研工業／リーフレット

02・Honda e／本田技研工業／
ローンチWeb

03・Honda e／本田技研工業／
マグカップ・コースター

04・CIVIC TYPE R／本田技研工業／ティザーWeb

05・セコム・ホームセキュリティ／セコム／
YouTube動画

06・セコム・ホームセキュリティ／セコム／
YouTube動画

01～03・Honda初の量産型電気自動車、Honda eのブランディングを担当。開いた時の見せ方にこだわったリーフレット、デザインが際立つ世界観を描きながら動きを多く取り入れたローンチWebなど、Honda e独自の上質感を表現しました。また、販促用ツールとしてマグカップや、型押し加工を採用したコースターも作成しました。04・Honda渾身のリアルスポーツカー、TYPE Rの登場を予告するWebサイト。上質な写真と鋭い動きの演出、潔いコピーをあわせ、新しい物語の幕開けを表現しました。05・ターゲットである父親の「離れていても、守りたい」という強い想い。その対象として、留守番する子ども、単身赴任中の妻子、実家の親を描きました。06・「新築・住み替え セコムどき」というワンビッグメッセージを訴求。コマ撮りや誰もが知る曲の替え歌など、目と耳に訴えかける表現を追求しました。

有限会社サイレン

CONTACT ADDRESS

📍 〒153-0051　東京都目黒区上目黒1-5-15
　　第三フレンドビル 4F
📞 03-5721-1278　📠 03-5721-1278
🌐 http://www.siren-japan.com
✉ info@siren-japan.com（担当：ミツボリ）

COMPANY PROFILE

● **設立**　1991年7月29日　● **資本金**　300万円
● **代表者**　代表取締役社長　三堀大介
● **社員数**　4人　● **クリエイター数**　4人
● **平均年齢**　36才

● **会社PR**　ドラマチックな世界観を情感に訴えるイメージで一枚のグラフィック空間に封じ込めた「絵（ビジュアル）で語るデザイン」を志向するデザイン事務所です。
映画・舞台・ドラマ・テレビ・音楽・イベント・アート・スポーツなどエンターテインメント全般を中心に、ジャンル問わず展開しております。
オリジナルキーアートのアートディレクション・撮影ディレクション・デザイン・合成加工から、ロゴ作成、パッケージ、各種販促ツール開発までお手伝いします。
NETFLIX社とNETFLIX Preferred Creative Agencyとして提携、デジタルアセットにおいても配信業界最先端の技術仕様に準拠、印刷物のみならずスマートフォンからデジタルサイネージまでディスプレイ表示をターゲットにした視認性も追求。

01・映画「ソワレ」／東京テアトル／ポスター

02/03・映画「ソワレ」／東京テアトル／ティザーポスター

04・映画「ソワレ」／東京テアトル／ポスター

05・映画「ソワレ」／東京テアトル／ポスター

06・舞台「てにあまる 」／ホリプロ／ポスター

07・映画「キング・オブ・シーブス」
／キノフィルムズ／日本版プレスシート

08・映画「行き止まりの世界に生まれて」
／ビターズ・エンド／日本版ポスター

09・映画「チャーリーズ・エンジェル」
／ソニー・ピクチャーズ／日本版ポスター

10・映画「まともじゃないのは君も一緒」
／エイベックス・ピクチャーズ／ティザーポスター

11・映画「白い暴動」／ツイン／日本版ポスター

12・映画「ディック・ロングはなぜ死んだのか？」
／ファントム・フィルム／日本版ポスター

株式会社
スタヂオ・ユニ

OAC会員

CONTACT ADDRESS

〒160-0022　東京都新宿区新宿2-19-1
ビッグス新宿ビル6F
03-3341-0141　FAX 03-3341-0145
http://www.studio-uni.com
info@studio-uni.com

COMPANY PROFILE

- **設立**　1958年8月1日　**資本金**　1,000万円
- **売上高**　13.5億円（2020年4月決算）
- **代表者**　代表取締役社長　佐藤昭一
- **社員数**　96人　**クリエイター数**　84人
- **平均年齢**　43才

● **会社PR**　スタヂオ・ユニは、半世紀以上の長きにわたり、国内最大手の百貨店グループをはじめとしたクライアントの広告戦略・制作に携わってきました。その歴史の中で信頼をいただくために心がけてきたこと。それは、時代や手法、広告を取り巻く環境にフィットし続けることです。

紙媒体がプロモーションメディアとして全盛だった時は過ぎ去り、いまはWebを中心としたデジタルプラットフォームの時代。この大きな変化の中でも、クオリティとスピードを落とすことなく、クライアントの課題を解決するためのアイデアやアウトプットの研鑽、組織としての体制を整え続けてきました。

変化の激しい広告業界の中で、環境や新しいニーズに適応していく力。そして、期待を超えるクオリティを追求し、真摯に取り組む姿勢。それが、スタヂオ・ユニの考えるクリエイティブの力です。

クリエイティブ＆ストラテジーメニュー：
○CI・BI・VI　○印刷物　○Web　○Web運用/レポーティング/コンサルティング　○映像　○プロダクトデザイン　○データマーケティング　○広告・プロモーション戦略　○コンテンツマーケティング 他

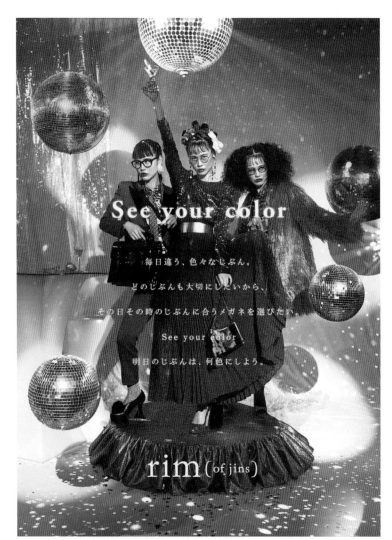

01・rim of JINS リブランディング／JINS／プロモーション

02・ISETAN Salon de Parfum 2020／三越伊勢丹／イベント

03・SWEETS COLLECTION 2020／
三越伊勢丹／カタログ

04・みくるま保育園ブランディング／みくるま保育園／Web他

05・伊勢丹のゆかた ISETAN YUKATA
SELECTION ／三越伊勢丹／Web

06・東急ハンズ 手帖検索辞典／東急ハンズ／
Web

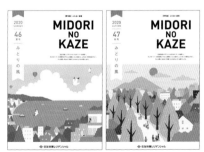

07・みどりの風／住友林業レジデンシャル／
オーナー向け会報誌

08・Mountain Hardwear GORE-TEXシリーズ
／コロンビアスポーツウェアジャパン／
プロモーション

09・かいじゅうステップ／円谷プロ／Web
©円谷プロ　©かいじゅうステップ
ワンダバダ製作委員会

01・jinsの派生ブランド、rim of jinsのリブランディング。企業スローガンからLP、店頭ツールのテキストなどブランドのトータルディレクションを担当。 02・「私を変える、香りとの出会い」をテーマに、国内外の約40のメゾンのフィロソフィと、ここで発表される新作フレグランスの魅力を表現しました。 03・チョコレートアパートメントをテーマに、そこに暮らす個性あふれる住人を設定。それぞれの好み別にチョコレートを紹介しています。 04・働く保護者への支援・保育業界の枠に収まらず新しい可能性を追求するという理念をもとにメインビジュアルを園児と保護者が楽しく暮らす賑やかな世界観で表現しました。 05・伊勢丹新宿店の2020年の新作ゆかたの紹介を中心に、ゆかたにまつわるイベントやサービスまで網羅したWebサイト。 06・「こだわり検索」にて自分好みのサイズ・レイアウト・使い方などをチェックすることで、100冊の中からぴったりの手帳が見つかる、というサイトを設計しました。 07・表紙についてはクライアントの会社イメージから離れない様に、植物で季節感を表現しつつ住宅にまつわるアイテムを絡ませる形で構成。 08・GORE-TEX搭載ウェアのプロモーション。企画及びターゲット分析のためのペルソナ・カスタマージャーニーマップの設定、キーヴィジュアル・LP、イメージ動画撮影を担当。 09・円谷プロダクションからデビューした新作絵本シリーズ「THE KAIJU STEP（かいじゅうステップ）」を紹介するWebサイト。

株式会社スパイス

& スパイスグループ：アドソルト／セサミ

OAC会員

CONTACT ADDRESS

📍 〒107-0052 東京都港区赤坂2-17-46
　　グローヴビル

📞 03-5549-6130　📠 03-5549-6133

🌐 http://www.spice-group.jp

✉ info@spice-group.jp

COMPANY PROFILE

- 設立　1984年3月30日　●資本金　5,100万円
- 売上高　158,600万円（2020年7月決算）
- 代表者　代表取締役社長　東海林鉄男
- 社員数　190人　●クリエイター数　172人
- 平均年齢　32.3才

● 会社PR　「変化を、進化の糧に」スパイスグループは1984年の創立以来、常に時代の先を見つめながら日々進化を重ね、現在ではグラフィックデザインを主軸に、Webデザイン、3DCG、TVCM、モーションキャプチャーの輸入販売までを行う総合広告制作会社へと成長してきました。

昨日の成功事例が今日はもう通用しないほど変化の激しい広告界で、これからもクライアント様の要求に高いレベルでお応えするために、有機的な事業展開、組織編成、そして人員配置を行っていきます。

最適解を導くための、一切の変化を恐れません。

これから先、想像もしないようなテクノロジーが生まれ、これまでのセオリーがまったく通用しない状況が訪れても、スパイスグループはこれまで同様、変化を喜び、進化への糧にしていきます。

01・新潮文庫の100冊／株式会社新潮社／店頭ポスター

02・ドコモオンラインショップ／株式会社NTTドコモ／モールスケープ

03・黒烏龍茶／サントリー食品インターナショナル株式会社／店頭ポスター

04・クリーム玄米ブラン／アサヒグループ食品株式会社／パッケージ

05・子育てアクアプラン／アクアクララ株式会社／ブランドサイト

06・DHC オリーブバージンオイル／DHC／「Olive」タイアップ連貼りポスター

07・TOYOTA RAIZE／トヨタ自動車株式会社／
店内ポスターなど

08・SUNTORY THE JAPANESE CRAFT SPIRITS & LIQUEUR／
サントリースピリッツ株式会社／OOH、店内ポスター

09・©アメノセイ / IIV／株式会社ドワンゴ／
YouTube

10・BRAGENIC One Day／ワコール／
店頭ポスター

11・三井ショッピングパーク ららぽーと／
三井不動産商業マネジメント／館内ポスターなど

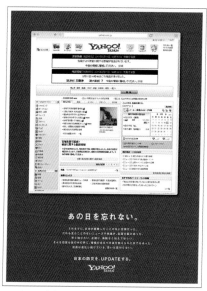

12・あの日を忘れない。／ヤフー株式会社／新聞広告

01・毎年夏に書店で行われる大々的な文庫フェアの店頭ツール。今年は「花火」をモチーフに制作しました。02・「スマホガネットデ買エルシリーズ」カエルのキャラクターを起用したキャンペーン、この他に車内ポスターやWebバナー、タクシーADなど展開しました。03・新パッケージになった黒烏龍茶のグラフィック。玉山さんの表情と、驚きの声「えっ?」をアイコニックに構成しました。04・市場の変化に合わせ、従来の女性向けイメージから、男性も手に取りやすい、シンプルで機能的な印象のデザインへ。05・子育て世帯向けプランの変更に伴ったブランドサイトの改定。新プランを訴求しつつ、お水と子育ての関係についてのコンテンツを充実させたWebサイトです。06・雑誌『Olive』とのタイアップ企画の制作でこの他にもデジタルサイネージに展開しました。07・サプライズと車名のRAIZEを検索窓のビジュアルにかけて表現。店内ポスターや横断幕など一連のクリエイティブに携わりました。08・四季の和素材を使用したクラフトスピリッツ&リキュール。日本を代表するクラフトである枯山水というモチーフを使うことで、このブランドの商品特性、世界観、クラフトマンシップを表現することを目指しました。09・オリジナルIPブランド「IIV」所属のバーチャルキャラクター。10・新ラインナップの登場キャンペーンに関わる店頭ツールを制作しました。11・親しみやすいイラストと印象的なコピーでショッピングの楽しさやワクワク感を表現しました。12・20011年3月11日のYahoo! JAPANトップ画面を日経15段広告に掲載。震災当日のニュースから見て取れる日本の混乱した状況を視覚化し、震災の恐ろしさをリアルに振り返るきっかけを作りました。

株式会社たき工房

OAC会員

CONTACT ADDRESS

〒104-0045　東京都中央区築地5-3-3
築地浜離宮ビル

03-3524-5280　FAX 03-3543-2176

https://www.taki.co.jp

info@taki.co.jp

COMPANY PROFILE

- **設立**　1960年3月8日　●**資本金**　1億円
- **代表者**　代表取締役社長　湯浅洋平
- **社員数**　231人　●**クリエイター数**　166人
- **平均年齢**　37才

● **会社PR**　創業から60年。グラフィックデザイン主体の制作プロダクションとして多くの記憶に残る仕事に携わってきました。さらにいま、ビジョン「デザインエージェンシー」のもと、デザインが持つ「物事の本質を見つけ出し、人に届くカタチにして伝える力」を強みとして、デザインで解決できるすべての領域へと踏み出しています。デザインのノウハウを活用したブランディング支援、デザイン×テクノロジーやムービーによるプロモーション、企業のサービス開発から関わるUI・UXデザインの提案なども加えて、デザイナー、コピーライター、プランナー、プロデューサー、エンジニアの200名超が、社会への新しい価値提案を求めているお客さまにお応えしていきます。

01・SEIBU PRINCE CLUB／株式会社西武ホールディングス／グラフィック全般

02・「まもレール」認知拡大プロモーション／東日本旅客鉄道株式会社／ショルダーコピー開発、駅貼りポスター、TVCM、ラジオCM、OOH、ノベルティ等

03・「イノベーションの風が来た。」／昭和電工マテリアルズ株式会社／空港看板

04・肌美精3D MASK WINTER／
クラシエホームプロダクツ株式会社／
パッケージ、個包装フィルム

05・ヤミーポテトやみつきチーズ味／
カルビー株式会社／パッケージ

06・CONNECTアプリ／
エンコアードジャパン株式会社／
UI・UXデザイン

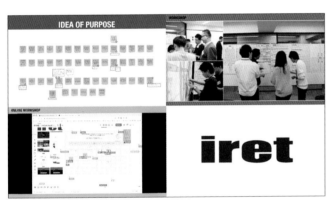

07・ブランディング浸透施策／アイレット株式会社／
ブランディング、ブランディングムービー

08・コーポレートサイト／株式会社日建スペースデザイン／Webサイト

09・「acure」ブランドロゴ／
株式会社JR東日本ウォータービジネス／VI開発

10・どこでも社会科見学 その①〜③／
株式会社土屋鞄製造所／ムービー

11・東海大学「大学を疑え」／株式会社リクルート
コミュケーションズ／ムービー

01・西武グループの会員サービスを、コミュニケーションプランと幅広いクリエイティブで提案。02・子どもが改札を通過すると通知が届くサービス。イラストの選定やCMソング開発などを通じて、特徴を魅力的に表現。03・「イノベーションの風が来た。」というコピーとともに海外のイラストレーターを起用しダイナミックなイラストで表現。04・3Dマスクのリニューアルに伴いデザインを一新。冬限定成分の白樺とユキノシタをかわいらしく表現した。05・チーズクリームの濃厚さをシズルたっぷりに表現。ゴシック書体でターゲットに向けた骨太な印象を演出。06・IoTを利用した「安心な毎日」を提供する「CONNECT」。サービスロゴ、Webサイト、アプリのデザイン開発。07・時代に応じたニーズと多様化する課題に対応するため、存在意義を示すパーパスを策定。社会に果たす役割と、社員一人ひとりの行動指針を示す新企業理念として社内外に発信。08・インテリアデザインを中心に国内外のさまざまなプロジェクトを手掛ける企業のサイトリニューアル。09・ブランド10周年を機にロゴを一新。新たな発見や喜びを次々と打ち寄せる波のように届けられる自販機ブランドとなるため、波をイメージしたデザインを開発。10・コロナの影響でランドセル工房での見学ができなくなったため、小学生を対象に「どこにいても社会科見学ができる」ことを目的とした動画を企画制作。11・多様性のある現代社会において"大学に行く意義"とは何か。東海大学の存在意義を表現したコンセプトムービー。

株式会社
ティ・エー・シー企画

OAC会員

CONTACT ADDRESS

〒105-0013 東京都港区浜松町1-10-14
住友東新橋ビル3号館5階

03-6403-4151　FAX 03-3434-7131

https://tac.co.jp

welcome@tac.co.jp

COMPANY PROFILE

● **設立** 1973年2月　● **資本金** 2,000万円
● **代表者** 代表取締役社長　田中一朗
● **社員数** 50人　● **クリエイター数** 35人
● **平均年齢** 36才

● **会社PR**　私たちティ・エー・シー企画は、広告クリエイティブを通じてクライアント企業をサポートする、トータルコミュニケーションカンパニーです。1972年の創業以来、広告・SP・PR誌や各種WEBサイトの制作、システム・アプリケーションの開発、プロモーションイベントの企画と実施、映像制作など、幅広い事業領域で挑戦を続けています。

01・Webサイト（日本語版・英語版・繁体字版）／住友不動産ヴィラフォンテーヌ

02・クリープ×カリタ／森永乳業／新潮社タイアップ　店頭リーフレット、コラボレーションサイト

03・ドライミルク100周年／森永乳業／ポスター、ロゴ、周年サイト

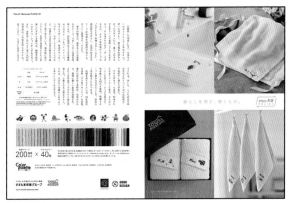

04・タオル美術館商品広告／タオル美術館グループ／タイアップ広告

05・リニア中央新幹線／JR東海／
雑誌広告

06・企業広告／JX金属／新聞広告

01・ホテルチェーンWebサイトのフルリニューアル。日本語版に加えて英語版・繁体字版も翻訳・制作しました。ブランドとしての統一感を持たせつつ、訪日客に興味を促すコンテンツ、安心感を与える設計にしています。**02**・クリープの需要拡大のため、カリタとの企業タイアップによるプロモーションを展開。夏季には新潮社「山と食欲と私」のキャラクターを起用し、アウトドア系ユーザーの取り込みに成功しました。**03**・森永乳業ドライミルクの製造100周年施策として、ロゴやポスター、冊子、周年サイトなどを制作。グループ全体が参加するインナーキャンペーンも実施しました。**04**・刺繍の楽しさ、カラーバリエーションの豊富さなどを表現することで、贈り物として最適であることを訴求。**05**・リニア中央新幹線のスピードによるさまざまなメリットを、やさしいトーンのイラストと共に表現しました。**06**・JX金属本社移転にともない、新聞広告のほかに本社サイネージ、移転先周辺駅ポスター、地下鉄窓上ポスター、車内ヴィジョン、YouTube動画を制作。企業認知度とイメージの向上をはかりました。

グラフィック

映像

WEB

アプリ

イベント

パッケージ

その他

株式会社dig

CONTACT ADDRESS

〒151-0066　東京都渋谷区西原3-17-8
dig bldg

03-5790-7523　FAX 03-5790-7524

https://www.dig.co.jp

info@dig.co.jp

COMPANY PROFILE

- **設立** 1996年10月　**資本金** 3,000万円
- **売上高** 2億8,800万円（2020年8月決算）
- **代表者** 松本知彦
- **社員数** 26人　**クリエイター数** 24人
- **平均年齢** 34.4才

● **会社PR**　1996年設立。イメージコンサルティングをスローガンに、Webからプリントメディア・映像まで媒体を問わない、総合的なデザインマネジメントを手掛けています。調査・コンサルティングから戦略立案・デザイン・システム開発・運用までを一貫して提供できる体制をもち、Webだけではなくエディトリアルデザイン、ロゴの開発や、コーポレートツールの制作でも多くの実績があります。2016年からはスローガンとしてあらたに「Create Brand」を掲げ、ブランディングの分野にも注力しています。

● **MainClient**
ヒューマネージ、伊東屋、ライドオンエクスプレス、ルネサンス、大日本印刷、宣伝会議、講談社、東洋経済新報社、千乃コーポレーション、かねまつ他（順不同・敬称略）

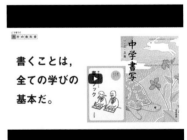

01・令和3年度版中学校教科書／光村図書出版／国語科教科書、特設サイト、動画

02・宣伝会議／宣伝会議／雑誌

03・建築知識 ビルダーズ／エクスナレッジ／雑誌

04・東大読書／東洋経済新報社／書籍

05・今日のタメ口英語／KADOKAWA／書籍

06・新米建築士の教科書／秀和システム／書籍

07・大日本印刷リクルートガイド／大日本印刷／パンフレット

08・HIGH STREET／スピックインターナショナル／タブロイド

09・アリババグローバルB2Bサービス／アリババ／パンフレット、Webサイト

10・銀のさら／ライドオンエクスプレス／サービスロゴ

11・ウノドストレス／佐竹商店／ブランドロゴ

01・小・中学校の国語教科書で全国6割のシェアを誇る光村図書出版の教科書のアートディレクション。現行版を分析し、見た目だけでなく、検索性や可読性も追求し、デザインによって興味を持たせる誌面作りを目指した。全体のクリエイティブ、特設サイト、解説動画制作を担当。02・66年の歴史がある広告マーケティング専門誌。雑誌タイトルロゴ、誌面アートディレクション、ページデザインまでトータルで手がける。直感的に訴えるデザインを意識し、読者を誘導する仕掛けやビジュアルを多用した。04・現役東大生の読書術を学べる一冊。普遍的な内容なので長く飽きのこないデザインを目指した。10・宅配ずし「銀のさら」の新業態テイクアウト事業用のロゴ。店舗設計、販促ツール、パッケージデザインなど、ビジュアルブランディング全体も担当。

株式会社
東京アドデザイナース

OAC会員

CONTACT ADDRESS

📍 〒102-0075　東京都千代田区三番町1
　　KY三番町ビル

📞 03-3262-3894　FAX 03-3262-3882

🌐 http://www.tokyoad.co.jp

✉ saiyo@tokyoad.co.jp

COMPANY PROFILE

● 設立　1961年8月29日　● 資本金　1,250万円

● 売上高　23億円（2020年2月決算）

● 代表者　代表取締役社長　篠原茂樹

● 社員数　187人　● クリエイター数　153人

● 平均年齢　36.5才

● 会社PR　1961年。日本の広告業の黎明期に、東京アドデザイナースは誕生しました。

それからおよそ60年にわたり、常に広告制作の最前線で成長を重ねてきた私たちは、グラフィックから、Web、ムービー、PRイベントまで、多様なコミュニケーション領域をカバーする総合クリエイティブカンパニーへと進化を遂げました。

そして今、新たに策定した「ANSWER in DESIGN.」というスローガンのもと、180名を超えるスタッフが、それぞれの経験、スキル、アイデアを最大化することで、お客様が抱えるさまざまな課題に、最善策＝ANSWERをご提案していきます。

私たちはデザインで答えるクリエイティブカンパニーです。

01・OFF PEAK PROJECT 2020／東京メトロ／交通広告

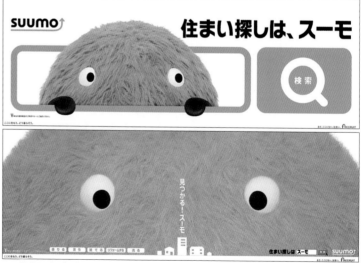

02・SUUMO／リクルート住まいカンパニー／交通広告

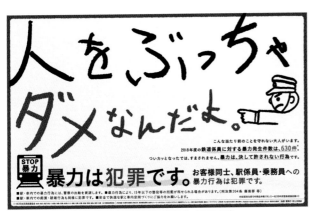

03・暴力行為防止ポスター／日本民営鉄道協会／交通広告

04・WBS×モーサテ新聞広告／
テレビ東京-BSテレビ東京／新聞

05・CORUM ブランドプロモーション
／GMインターナショナル／新聞

06・ジャパンカップ／JRA／駅ジャック

07・LABOMO／アートネイチャー
／パッケージデザイン

08・コーポレートブランディング／網屋／Web・新聞

01・ピーク時の混雑緩和を推進するにあたって、かつて芸人としてピークを経験したタレントを起用する企画でムーブメント化を図り、認知拡大を実現。02・2009年のブランド立ち上げ時のキャラクター開発から10年以上にわたり、交通広告、デジタルサイネージ、ノベルティまで幅広く制作。03・子ども視点のストレートなメッセージとインパクトのある手書き文字で、駅・電車内での暴力行為防止をアピール。SNSでも話題に。04・ARを駆使した動く新聞広告にチャレンジ。弊社のイラストレーターが描いた武将たちが勢いよく動くAR動画でエンターテインメントを強化した新聞広告に。05・スイス名門時計ブランドCORUMの年間ブランドプロモーションのビジュアルとメッセージを開発。ARを組み込んだ新聞広告では広告賞を多数受賞。06・新宿駅をジャパンカップ一色に。ジャパンカップならではの国際感や競馬ならではの迫力を大切にしつつ、ビギナーにも強くアピールできる表現にしました。07・既存のブランドに新たに発毛剤がラインナップされることに伴い、シリーズ全体でブランドアイデンティティの強化を図れるパッケージにリニューアル。08・DX時代に対応したセキュリティカンパニーとしてのブランドイメージを浸透させるため、新たにコーポレートスローガンおよび、キービジュアルを開発し、Webサイトをはじめさまざまなメディアで展開。

グラフィック ✓

映 像 ✓

WEB ✓

アプリ ☐

イベント ☐

パッケージ ☐

その他 ✓

株式会社
東京グラフィック
デザイナーズ

OAC会員

CONTACT ADDRESS

📍 〒107-0062　東京都港区南青山1-15-9
第45興和ビル1階

📞 03-5785-0670　📠 03-5785-0666

🌐 https://www.to-gra.co.jp

COMPANY PROFILE

● **設立**　1961年10月5日　● **資本金**　2,800万円
● **売上高**　12億300万円（2020年3月決算）
● **代表者**　代表取締役社長　梶原鉄也
● **社員数**　53人　● **クリエイター数**　49人
● **平均年齢**　45歳

● **会社PR**

総合力を活かす
グラフィックデザインのプロダクションとしてスタートした
当社は、設立して間もなくディスプレイやイベントと
いった領域にも参画。1982年に映像部門、2005年に
Web部門を立ち上げて、時代と共に総合力を高めて
きました。

仕事で応える
ホンダの製品広告とSPツールの制作を事業の根幹とし、
創業の原点であるオートバイを始めとしてクルマや
パワープロダクツなど各製品を一貫して担い続けて
います。仕事の成果が営業的な役割を果たして、また次の
あたらしい仕事を生み出していく。そんなクリエイティブ
の在り方を私たちは目指しています。

あたらしい「価値」をつくる
企業と世の中とのコミュニケーションは単に情報を伝
えることではなく、人から人へ想いやメッセージを届け
ることだと私たちは考えます。
「本質を捉え、表し、伝える」
この理念の下に、私たちはあたらしい価値を創り出して
まいります。

スペシャルサイト
クライアントの「課題解決」にこだわる私たちの取り
組みとさまざまな事例をご紹介するサイトをオープン
しました。上記コーポレートサイトとあわせてぜひご覧
ください。
https://www.to-gra.co.jp/special/

01・CIVIC／本田技研工業／カタログ

02・CIVIC／本田技研工業／映像

03・Honda歩行アシスト／本田技研工業／導入事例

04・Honda Dog／ホンダアクセス／
カタログ

05・S660／本田技研工業／カタログ

06・CBR1000RR-R FIREBLADE／本田技研工業／カタログ

07・ADV150／本田技研工業／SNS広告

08・こまめ／本田技研工業／ポスター

09・BBS鍛造ホイール／BBSジャパン／カタログ

10・永年勤続表彰HELP 教えて！ええねん先輩／JTB／Web

01・02・「CIVIC」を、若者の生き方を加速させる「推進力」と捉え、カタログの世界観を構築。さらに、情緒に訴える動画をSNS等で発信し、広く強くアプローチする仕組みを設計しました。**03・**類似品のない新しい歩行練習機器。そのメリットを伝えるため、導入した施設のエピソードを軸に訴求。リハビリの療法士に自分事化してもらうことをねらいました。**04・**愛犬に対する想いに寄り添い開発されたカーアクセサリー。人と愛犬、どちらも安心して心地よく過ごす時間を描き、商品の魅力を訴求しました。**05・**スタイリングをニューカラーで印象づけるとともに、ライブ感のある走りの世界を徹底的に追求。爽快感が突き抜けるグラフィックで表現しています。**06・**レースでの"圧倒的な速さ"に徹底的にこだわったフルモデルチェンジ。そこに込めた思想や開発陣のこだわり、磨き抜かれた技術やマシンスペック等も余すところなく伝えています。**07・**Honda二輪で初となるSNS広告。高精度のターゲティングで効率的なアプローチを実現し、新ジャンルのスクーター「ADV150」の魅力を潜在ユーザーへ届けました。**08・**小型耕うん機「こまめ」の40周年記念モデル。小型耕うん機市場の先駆者としてロングセラーへの感謝を伝えるとともに、その歴史と信頼を商品の付加価値向上につなげました。**09・**持つ人の人生を変えてしまうほどの、プレミアムなホイール。その情緒価値をブランドの創造性とリンクさせ、ターゲットである若年層に向けた新しい表現を開発しました。**10・**法人のギフト利用でニーズの高い「永年勤続表彰」について、マンガ形式で楽しく知識が得られるページを制作。アクセス増と売上拡大をねらいました。

株式会社
東京ニュース

OAC会員

CONTACT ADDRESS

〒101-0042　東京都千代田区神田東松下町
10-5　翔和神田ビルⅡ

03-6260-8088　FAX03-6260-8085

http://www.tnews.co.jp

info@tnews.co.jp（担当：生駒）

COMPANY PROFILE

● 設立　1950年9月20日　● 資本金　7,000万円
● 代表者　代表取締役社長　田村壽孝
● 社員数　42人

● 会社PR　株式会社東京ニュースは、新聞広告製版会
社として設立してから、画像処理やデータ制作の技術を
強みとして、広告物の企画制作・製版・印刷までを一貫
して提供し続けてきました。

創業70周年を迎えた現在では、多様化・複雑化する市
場環境に適応するべく、これまで培ってきた製版・印刷
の知見に加えて、クリエイティブデザイン・PR・セール
スプロモーションなど、幅広い領域でのサービスを提
供しています。

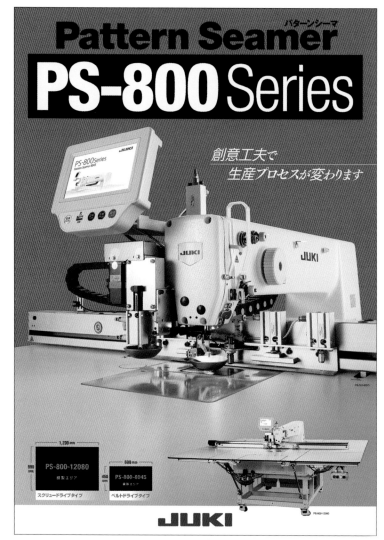

01・Pattern Seamer PS-800Series／JUKI／ポスター

02・MF-3620Series／JUKI／
パンフレット

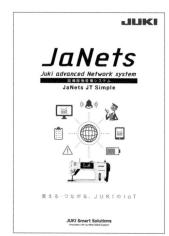

03・JaNets／JUKI／パンフレット

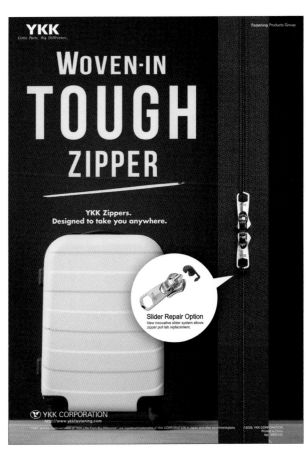

04・WOVEN-IN TOUGH ZIPPER／YKK／ポスター

05・VISLON® magnet type／YKK／キービジュアル

06・文豪墓碑大事典／東京堂出版／リーフレット

07・2020年度図書館基本辞典セット目録／東京堂出版／パンフレット

08・2021年新卒会社説明会／ムラキ／リーフレット

01・工業用ミシンのポスターです。背景をピンクにし、強いインパクト、斬新さ、勢いを表現し、他社の競合機種に対して差別化を狙いました。02・工業用ミシンのパンフレットです。肌着や下着など柔らかい素材に対応していますので、表紙は背景をやさしく柔らかいイメージにし、ミシンを引き立たせるよう表現しました。03・表紙はIoTサービスの説明を一目でわかりやすいビジュアルにし、中ページへの誘導として用いた表現をしています。04・海外での展示会場などで使用するポスターです。丈夫で高品質な商品であるファスナーを表現するため、丈夫さを求められるキャリーケースで表現。また、商品の特徴を知ってもらうために吹き出しの中に解説を入れました。05・商品はマグネットの磁力により素早い開閉動作が簡単なファスナーです。スピーディーな着用を表現するため、スピード感を強調したビジュアルを表現しました。06・書店などへの注文書です。一目でどのような本なのか理解してもらえるよう、タイトルとビジュアルの置き方を工夫しました。07・図書館、書店などへの注文書です。本のタイトルが多いので、注文する方がわかりやすく見やすいレイアウトになるよう考慮して作成しました。08・新規卒業者の方への会社説明告知用リーフレットです。会社の雰囲気をイメージしてもらい一緒に未来へ共に成長していこうというコンセプトで展開しています。

株式会社
ドットデザイン

CONTACT ADDRESS

〒107-0052 東京都港区赤坂5-4-13
ホワイト赤坂7F・9F

03-3560-9200 FAX 03-3560-9201

http://www.dot-design.co.jp/

info@dot-design.co.jp

COMPANY PROFILE

● 設立　2011年6月8日 ● 資本金　800万円
● 代表者　程野榮治
● 社員数　8人　● クリエイター数　7人
● 平均年齢　34才

● 会社PR　伝えたい商品や想いはあっても、それを伝える表現方法は無限にあります。情報のあふれる現代社会の中で、伝えるべきメッセージをいかに増幅させ、人の心へと届けるか。私たちはクライアントのニーズを的確に捉えて、アイデアの発想力・デザインの定着力・制作物のプレゼンテーション力を総動員し、最も効果的なクリエイティブを提案します。そして、より多くの人に感動を与え、世の中を動かすクリエイティブを目指します。

01・JAPAN MADE／Lenovo／新聞広告

02・ファーストシェーバー／Panasonic／
パッケージ

03・フルーツとハーブのお酒／養命酒／
パッケージ

04・ファミマカフェ コーヒーカップ／ファミリーマート／パッケージ

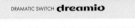

05・dreamio「さぁ、全くあたらしい体験の世界へ」／EPSON／グラフィック

06・TRUME／EPSON／グラフィック

07・プロセレクション／EPSON／
カタログ

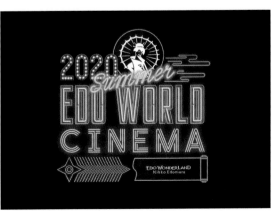

08・江戸ワールドシネマ／日光江戸村／ロゴ

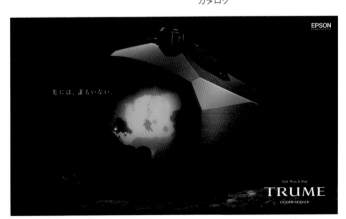

09・TRUME／EPSON／グラフィック

株式会社 トラック

OAC 会員

CONTACT ADDRESS

〒101-0051　東京都千代田区神田神保町
2-3-1岩波書店アネックス 4F

03-6272-6635　FAX 03-5211-1505

https://www.track.co.jp

info@track.co.jp

COMPANY PROFILE

● 設立　1995年8月14日　● 資本金　1,400万円
● 売上高　31,400万円（2019年9月決算）
● 代表者　代表取締役　小泉邦明
● 社員数　24人　● クリエイター数　23人

● 会社PR　あなたの要望をアレンジして気持ちのいい
クリエイティブを提供します。
創業以来、さまざまな企業や商品・サービスなどに携
わってきました。ジャンルにとらわれることなく、幅広い
広告やプロモーションを展開しています。通販カタログ
（アパレル・女性インナー・ジュエリー）、女性インナーカ
タログ、化粧品カタログ、アパレルカタログ、保険会社
DM・パンフレットなどの経験は特に豊富です。

もっと、心に届くデザインを。
ずっと、心に残るデザインを。
私たちのデザインを目にした人が、うれしいとか、楽し
いとか、ホッとするとか、温もりを感じてくれる、少しだ
け幸せな気持ちになれる。
そんなデザインを、つくり続けていくこと。そんなデザイ
ンができる人を、いっぱいにしていくこと。
それが、私たちの理想とするクリエイティブ。
心に届くデザインと心に残るデザインを創作する人を、
TRACKならではのクオリティで、もっと、ずっと、生み
出して行きます。

01・アパレル／日本生活協同組合連合会／カ
タログ

02・コスメ／株式会社メディプラス／美楽／
会報誌

03・コスメ／株式会社エクラ／リーフレット

04・スポーツ／公益財団法人日本水泳連盟／
ポスター

05・出版／株式会社CCCメディアハウス／雑誌

06・出版／医歯薬出版株式会社／絵本

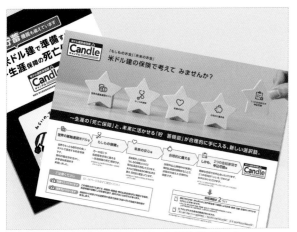

07・金融／オリックス生命保険／ロゴマーク・商品パンフレット

08・リブランディング／株式会社アイ・デザイン／ロゴマーク・ツール

09・AP STUDIO THE GENTLEWOMAN／BAYCREW'S GROUP／
Webサイト

10・BRUDER／株式会社ゴルフダイジェスト・オンライン（GDO）／Webサ
イト

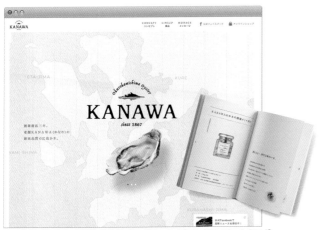

11・食品／かなわ水産株式会社／ロゴマーク・ブランドサイト・カタログ

12・PRIMART／自社EC／オリジナル商品販売、店舗運営

01・商品がより魅力的に見えるよう、ロケーションやポージング等にもこだわったカタログ。　02・ブランドのこだわりを細部に詰め込んだ編集とデザインで展開するDM会報誌。　03・開発者への取材形式で表現した、ブランドコンセプトと商品へのこだわりを伝えるリーフレット。　04・競技中の躍動感溢れるシーンを最大限に表現。　05・ライフスタイルを豊かにするモノやカルチャーを魅力的に提案した情報誌の特別編集号。　06・子供やお子さんを持つ親御さんに向けた啓蒙絵本を3世代に分けて制作。　07・外貨建て商品を難しさを緩和しわかりやすく訴求することを意識して制作。　08・設計事務所のリブランディング。「設計」と「人間らしさ・技術」の両立した社員の姿勢をロゴで表現。　09・"GENTLEWOMAN"をキーワードに、上質で大人のファッションを表現するシンプルで心地いいデザインを展開。　10・上質で大人のゴルフライフを表現するシンプルで力強く、ファッション性の高いUI/UXを構築。　11・企業イメージ一新で、新しい顧客拡大を目指しロゴから刷新。　12・自社開発したグッズや、独自の視点でセレクトしたモノにこだわったECサイトを運営。実店舗も2017年末にオープン。

グラフィック ☑

映像 ☑

WEB ☑

アプリ ☐

イベント ☐

パッケージ ☑

その他 ☐

株式会社ナニラニ

CONTACT ADDRESS

📍〒151-0063　東京都渋谷区富ヶ谷2-43-15
山崎ビル4F

📞03-6416-8388　📠03-6416-8398

🌐http://www.nanilani.com

✉hello@nanilani.com

COMPANY PROFILE

- 設立　2005年4月1日　● 資本金　1,000万円
- 代表者　村瀬隆明
- 社員数　13人　● クリエイター数　12人
- 平均年齢　31才

● 会社PR　わたしたちは、ブランドを成功に導くための、デザインコンサルティングファームです。戦略、プロデュース、デザインの力で、クライアント特有の潜在価値を発見、定義し、そこに独自のアイデンティティーを与えます。表層的なデザインだけでなく、内面から本質的、包括的な価値を引き出し表現することで、商品・サービス、企業のブランド力の最大化に貢献します。

"Imagine. Draw."
より良い姿を、想像し、描く。

誰もが秘めている想像力と、デザインの力を信じて。ときに直感的に、ときに戦略的に。常に人と人との繋がりを大切にしながら、クライアントの未来を想い、描いていきます。サービスや商品のさらなる成長やブランド価値の向上を通じ、世の中に貢献する。それが、わたしたちの使命です。

社名の"ナニラニ"は「美しい空」という意味を持ちます。晴れの日も雨の日も、どんな空模様でも一緒に空を見上げる。そんな存在にわたしたちはなりたい、強くそう願っています。

自社事業である「和む菓子 なか又」は3年目に突入。2020年8月には同じ前橋市内でカフェをオープンし、冬には3店舗目を開業予定。商品開発、製造、運営まで自己プロデュースで運営しています。

01・なか又／自社事業

02・JINS／ジンズ／ブランディング

SHIROIYA
HOTEL

03・SHIROIYA HOTEL／白井屋ホテル／ブランディング

04・ウェルビー／ブランディング

05・スマホ診／つなぐクリニックTOKYO／VI開発

06・Jack Bunny!!／TSIグルーヴアンドスポーツ／シーズンビジュアル開発

07・amanatoh／amana／サイトデザイン＋構築

08・「埼玉の逆襲」たまやん。／ジェイコム埼玉・東日本／番組ロゴ・キャラクター開発

株式会社 2055

OAC会員

CONTACT ADDRESS

📍 〒578-0911 東大阪市中新開2-8-8
📞 072-963-2055　FAX 020-4624-4211
📍 東京都中央区日本橋小舟町7-13 セントラルビル3F
📞 03-3664-2055　FAX 020-4624-4211
🌐 https://www.2055.jp
✉ murata@2055.jp（担当：村田）

COMPANY PROFILE

● 設立　2007年2月　● 資本金　1,000万円
● 売上高　30,000万円（2019年12月決算）
● 代表者　代表取締役社長　村田成仁
● 社員数　20人　● クリエイター数　20人
● 平均年齢　34.0才

● **会社PR**　多様化するメディア。コミュニケーションにビジュアルが、大きな役割を担う時代。わたしたち2055（ニイマルゴーゴー）は東京、大阪を拠点とする、写真、映像、3DCG制作会社です。各部門にプロフェッショナルを揃え、専門性の追求はもちろん、写真×3DCGなど部門を超えて協力しあう柔軟な体制で、高度な創造力を発揮するのがわたしたちの特長。撮影コーディネーション、フォトレタッチの専属スタッフも一体となり、プロモーションに期待以上の結果で貢献します。クリエイティブとは、ニーズを丁寧にうかがい、課題を共有し、解決に向けて意見を出し合い、アイデアを持って進める共同作業。東京、大阪に自社スタジオを所有するなど、ソフト、ハードの両面に万全を期して、伝わるコミュニケーションに最適なビジュアル表現を共に創り出しましょう。

**PHOTO. MOVIE. 3DCG.
わたしたちは、
ビジュアルコミュニケーションの
プロフェッショナルです。**

ビジュアルコミュニケーションのプロでありつづけるために、わたしたちには2つのビジョンがあります。ひとつは、日常的なワークビジョン。もうひとつは、将来的なコーポレートビジョンです。

日常的なワークビジョンは、お客さまのベネフィットをより良く実現すること。たとえばそれは、美しいだけで終わらない、商品やサービスの本質的な価値を伝えるビジュアルを創り出し、プロモーションにおいて大きなコミュニケーション効果をもたらすことです。写真なら、被写体をそのまま切り取って見せる以上に、いかに魅力的に魅せるのか。映像や3DCGであれば、人々の想像をどれだけ超えていけるのか。わたしたちは、ビジュアル制作を単なる「再現」でなく、「表現」ととらえ、実践しています。

さらに、将来的なコーポレートビジョンでは、時代や社会環境、お客さまニーズの変化をいち早くとらえ、常に進化しつづけることをめざします。これまでもわたしたちは、社会の急速なデジタル化を進化の好機ととらえ、写真制作のデジタル化はもちろん、映像、3DCG制作など、事業自体を拡大してきました。結果、お客さまのさまざまなご要望に対して、幅広いご提案が可能な体制を整えることができています。そしてこの先も、未知の変化は繰り返されるはずです。その変化の兆しを真っ先にとらえ、常に一歩先を行く提案ができるようなビジュアルコミュニケーションのプロでありつづけたいと願っています。

2055を何かにたとえるなら、それはまるで水のようなものです。お客さまが持たれているさまざまな形をしたニーズの器を、隅々まで満たしていく水。そして、複雑に形を変えていく時代や社会環境という器を満たす水。これからも、柔軟な対応力を失うことなく、スムーズなビジュアルコミュニケーションを丁寧に実現します。

01・自社スタジオ撮影風景　■株式会社 2055／イベント配布用タブロイド

02・ホイール・イメージ　■株式会社シマノ／カタログ

03・ジュエリー・イメージ
■フクヤ／GRAVIE／カタログ

04・シリーズムービー
■ルベル／タカラベルモント株式会社／Web・店頭

05・ブランドムービー
■株式会社オカムラ／Web

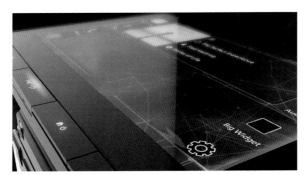

06・KW-Z1000W
■株式会社JVCケンウッド・デザイン／Web動画

07・Raiki
■辻産業株式会社／商品カタログ

08・SK75SRD-7R 産廃仕様機
■コベルコ建機株式会社／営業販促資料

01・展示会など、イベント配布用の自社PRツールとして制作した会社案内（タブロイド紙）のメインビジュアル。自社スタジオの規模やモデル撮影のノウハウ、ドローン撮影ほか、2055を直観的に理解いただけるように、制作現場の1シーンを切り取ったビジュアル企画です。　02・モトクロススポーツならではの躍動感や世界観が瞬時に伝わることを最優先したイメージビジュアル。空や砂埃、砂利を別撮りで合成し、シズル感あふれる1枚に仕上げました。　03・ライティングにこだわったジュエリー撮影。形状だけではなく、質感や色調、センターストーンの存在感までが伝わるように計算することで、ブランドイメージにふさわしいビジュアルに仕上げました。　04・05・2055の動画制作は撮影のみならず、お客さまのご希望をお伺いしたうえで、企画からコンテづくり、編集までのすべてをワンストップで対応いたします。　06・07・08・2055の3DCG制作は、写真スタジオならではの豊富なライティング技術が特長。静止画像はもちろん、コミュニケーションの幅と深みを増すことができる動画制作にも対応いたします。

株式会社ノエ

OAC会員

CONTACT ADDRESS

📍 〒150-0033 東京都渋谷区猿楽町17-19-101

📞 03-5457-1370　FAX 03-5539-3665

🌐 https://noe-inc.com

✉️ info@noe-inc.com

COMPANY PROFILE

●設立　2017年11月22日　●資本金　5,000,000円
●代表者　代表取締役　野坂拓郎

●会社PR　衣・食・住といったライフスタイル分野を中心に、各種媒体の編集&デザイン、販売戦略や販促プランの策定、撮影ディレクションなどのクリエイティブを提供しています。

強みはファッションを基軸にした、時代性を的確にとらえたクリエイティブワーク。グローバルなトレンドからマスマーケットの市場動向まで、緻密なリサーチ・分析に基づくプランニングで、企業やブランドが抱える課題や想いに応えていきます。

コロナ禍以降は海外のシンクタンクとの連携も開始。グローバルな先進事例やインサイト分析を踏まえた実践的なデジタル戦略の立案や映像制作に、多くのお問い合わせをいただいています。

創業以来一貫して、新鮮で驚きのある提案、変化に柔軟なレスポンス、スピード感のある進行をスタッフ一同心がけています。HPには最新の実績のリンクも掲載していますので、ぜひご覧ください。

01・KIKONAS／三井不動産商業マネジメント／Web Magazine

02・LAZONA LIFE／ラゾーナ川崎プラザ／Tabloid・Movie・Web

03・KOKUYO ME／コクヨ／Image Visual・Movie

04・蔦屋家電PAPER／CCCデザイン／Magazine

06・THE SUIT COMPANY／
青山商事／OOH

05・+maffs／モリタ宮田工業／Graphic・Movie・Web

01・Web Magazine、オウンドメディアの企画・制作・運用。**02**・季刊のタブロイド誌。編集からWeb、映像までクロスメディア展開一式を手がけ
ています。**03**・「Life Accessories」がコンセプトの新ブランド。ビジュアル制作、映像、ローンチキャンペーンを担当。製品も素晴らしいため、ぜ
ひ店頭でご覧ください。**04**・二子玉川 蔦屋家電のフリーマガジン。編集＆デザイン。**05**・グッドデザイン特別賞 グッドフォーカス賞を受賞した話
題の消火器。ローンチにあたりビジュアル制作全般、映像、Web・EC構築を担当。その他事例・詳細等、ポートフォリオの取り寄せはお気軽にご
連絡ください。**06**・カタログやWeb、OOHなど制作全般を担当。アパレル案件はスタッフ全員が得意としています。

有限会社
バウ広告事務所

OAC会員

CONTACT ADDRESS

📍 〒106-0032　東京都港区六本木3-16-35
　　イースト六本木ビル 4F

📞 03-3568-6711　📠 03-3568-6712

🌐 https://bau-ad.co.jp/

✉ info@bau-ad.co.jp (担当:茂木)

COMPANY PROFILE

● 設立　1974年9月5日　● 資本金　900万円
● 代表者　代表取締役社長　市川多喜次
● 社員数　42人　● クリエイター数　28人

● 会社PR

私たちは「コミュニケーション パートナー」です。
バウ広告事務所は、単なる制作プロダクションではありません。クライアントと共に悩み、議論し、前進する「コミュニケーション パートナー」です。手がけているのは、商品やサービス、企業や学校など、実にさまざま。たくさんの人に知ってほしい。魅力を伝えたい。好きになってほしい。そんなあらゆる課題に対して、従来のやり方にとらわれない、文字通りゼロベースからの発想で、あらゆる手段を企て、形にしていきます。コンセプト開発、ネーミング、CI・VI、ロゴデザインなどブランディング戦略の企画立案から、キービジュアル開発、パッケージデザイン、Webデザインなどの広告コミュニケーションに関わる制作物、撮影やそれに付随するキャスティング、コーディネート。ときにはプロダクトやサービスの企画開発、空間設計・店舗デザインまで。必要ならば、与えられたミッション以上の提案も。すべてはお話を聞くところから。まずはお気軽にご相談ください。

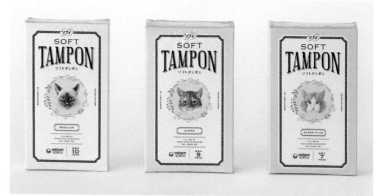

01・ソフィ ソフトタンポン #NoBagForMe／ユニ・チャーム／商品パッケージ

02・おかしな研究所／ロッテとカルビーのコラボ企画／商品パッケージ

03・WRAP IT ALL UP／PLAZA／店頭ツール

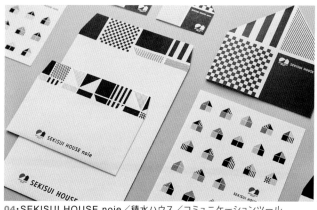

04・SEKISUI HOUSE noie／積水ハウス／コミュニケーションツール

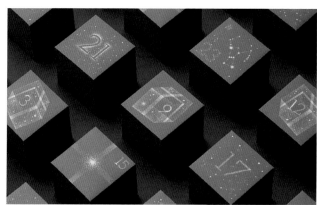
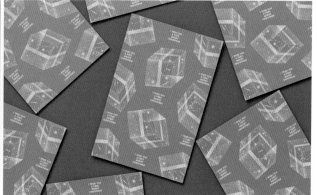

05・PLANETARIA TOKYO CHRISTMAS 2019／コニカミノルタプラネタリウム／メインビジュアル・館内装飾

06・BAKE CHEESE TART 焼きたてマロンチーズタルト
／BAKE Inc.／Web

07・こだわりのだし入りみそシリーズ
／ハナマルキ／PKGリニューアル＆ブランドサイト

01・"生理ケアの選択肢の多様化"を目指す「#NoBagForMe」プロジェクト、猫をモチーフに、直感的に「カワイイ」と思えるパッケージを目指して制作しました。02・お菓子メーカーのコラボ企画。第一弾として、胸キュンがテーマに、4月の出会い、甘酸っぱい青春を表現。コラボ企画として自由にデザインできました。03・生活雑貨を扱うPLAZAのクリスマスキャンペーン。ギフトをテーマにビジュアルを制作。店頭ディスプレイからパッケージングツールまでデザインしました。04・木造戸建住宅をメインに販売する新会社の設立に伴い、そのコンセプトに沿った社名やCIの開発、会社案内やホームページなどコミュニケーションツール一式を制作しました。05・プラネタリウム施設「PLANE-TARIA TOKYO」のクリスマスプロモーションで、巨大なアドベントカレンダーとポストカードをデザイン。冬の星座等を緻密な点描で表現し、天空をギフトに見立てました。06・秋季限定フレーバーのLPを制作。包みを開封するオープニングアニメーションで期待感を高め、クラフト感のある包装紙や麻紐など、あたたかみを感じるアイテムで秋のほっこり感を演出しました。07・パッケージリニューアルとブランドサイトの制作を行いました。より家庭に馴染む商品となることを目指し、コンセプトコピーをはじめ、こだわりやレシピを掲載して特長や利便性を伝えています。

グラフィック

映像

WEB

アプリ

イベント

パッケージ

その他

株式会社
博報堂プロダクツ

OAC会員

CONTACT ADDRESS

📍 〒135-8619　東京都江東区豊洲5-6-15
NBF豊洲ガーデンフロント

📞 03-5144-7200　📠 03-5144-7217

🌐 http://www.h-products.co.jp

COMPANY PROFILE

● 設立　2005年10月1日　● 資本金　1億円
● 売上高　1,020億円（2020年3月決算）
● 代表者　代表取締役社長　岸 直彦
● 社員数　1,862人　● クリエイター数　500人
● 平均年齢　37才

● 会社PR　博報堂プロダクツは、広告とプロモーション領域を網羅する事業領域で、それぞれのプロが、その専門性を駆使し、広告とプロモーションのあらゆる得意先課題を「こしらえる力」、「実施する力」で解決していく博報堂グループの総合制作事業会社です。

業務内容
トータル・プロモーション・プロデュースの実施／グラフィック広告の企画制作／テレビCMの企画制作／広告写真撮影・デジタル画像の企画制作／プレミアムグッズの企画・製作・販売及び輸出入／SPキャンペーンの企画制作・実施・運営／デジタル（Web）メディアの企画制作・実施・運営／イベント企画制作・実施・運営／PR企画制作・実施・運営／各種メディア取扱／プロモーション映像企画制作／広告原稿データ製作送稿／印刷／広告システムの開発および運用サポート　等

採用計画
■ 新卒定期採用あり
■ 2021年度新卒採用　約80名予定
※採用情報については、当社採用ページをご覧ください。
http://www.h-products.co.jp/recruit2021/

待遇と勤務
初任給：25万円（2019年4月実績）
昇級：年1回の給与見直し
賞与：年1回
勤務時間：9：30～17：30（所定時間外勤務あり）
休日・休暇：週休2日制（土・日）、祝日、年末年始（12月29日～1月3日）、年次有給休暇20日、フリーバカンス（年2回、連続5日間の休暇制度）、リフレッシュ休暇（勤続5年毎、連続5日間の休暇制度）他
福利厚生：保険／健康保険・厚生年金保険・雇用保険・労災保険制度／企業年金、退職金、育児・介護休業他施設／軽井沢クラブ、保養所、診療所、スポーツ施設法人会員、その他各地に契約施設

01・企業広告／日本ペイントホールディングス株式会社／ポスター・Web

02・おしりたんてい 公式ショップ／株式会社ポプラ社／店舗デザイン

03・マジックコネクト／NTTテクノクロス株式会社／新聞／日経MJ広告賞 最優秀賞

04・カップスター／サンヨー食品株式会社／Web

05・toio／株式会社ソニー・インタラクティブエンタテインメント／交通広告

06・Gold Collection／ゴディバ ジャパン株式会社／店舗コルトン　　07・ATELIER de GODIVA Autumn&Summer／ゴディバ ジャパン株式会社／店舗コルトン

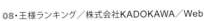

08・王様ランキング／株式会社KADOKAWA／Web　　09・ぷっちょ／味覚糖株式会社／店頭ツール

01・日本ペイントホールディングス株式会社の企業広告。CM、Web、ポスター、グッズへと幅広く展開。02・児童書『おしりたんてい』の公式ショップ「ブブッとストア」の企画から制作。ショップのコンセプト立案、空間デザイン、コンテンツ制作、施工までトータルでディレクション。03・テレワークを推進するNTTテクノクロス株式会社のUSB「マジックコネクト」の日経新聞15段、5段ハーフの広告。企画から制作までのアートディレクション。04・サンヨー食品株式会社「カップスター」のブランドサイト。モーショングラフィックスで乃木坂46のさまざまな表情を楽しめる動画キービジュアルを制作。05・「toio」の年末キャンペーングラフィック制作。認知拡大を狙い駅の大型フラッグに掲出。06・GODIVA「Gold Collection」のビジュアル制作、展開制作物のクリエイティブディレクション。07・GODIVAシェフが作る生ケーキを食べられるカフェ「ATELIER de GODIVA2020 Autumn&Summer」季節限定ビジュアル開発とその他制作物を展開。08・漫画「王様ランキング」販促プロモーション。トレインジャック実施とともに、作中の名言を集めた特設Webサイトを制作。09・「ぷっちょ」のCMと連動したビジュアル、店頭ツール、集積箱などの店頭まわりのPOP制作。

グラフィック

映像

WEB

アプリ

イベント

パッケージ

その他

株式会社ハタジルシ

CONTACT ADDRESS

《本社》
〒166-0015　東京都杉並区成田東4-35-9
《東海オフィス》
〒420-0032　静岡県静岡市葵区両替町2-1-16
ルコアンビル5F

03-6304-9655　FAX 03-4333-7511

http://hatajirushi.com

info@hatajirushi.com

COMPANY PROFILE

● 設立　2013年3月21日　● 資本金　1,000万円
● 代表者　代表取締役　広瀬 誠
● 社員数　12人　● クリエイター数　11人
● 平均年齢　31.9才

ハタジルシ

● 会社PR

当社はバックオフィス1名を除き、全員がコピーライター。企業・採用・商品ブランディングの核となるコンセプト設計を得意としています。また、コピーライターが案件の最初から最後まで窓口を担当するため、お客様の想いや"らしさ"を、より的確にクリエイティブに落とし込むことができます。手がける領域は、企業理念やスローガン、ロゴマークの策定から、グラフィック・Web・映像・イベント設計と幅広く、お客様や企画内容に応じて、社内外のクリエイターを柔軟にスタッフィングし、最適な布陣で臨んでいます。

ハタジルシは、広告の効果にこだわります。
そのうえで、今より一歩前へ進もうとする
企業や人の支えになるような、
メッセージが伝わった相手の心に長くとどまって、
熱を生みだすような、
そんな「旗印（ハタジルシ）」となる広告やコトバ、
デザインづくりをめざしています。

これは、たとえ、どれだけ掲載期間が
短い広告であっても同じです。
お客様の想いや課題の"本質"を汲み取って素材とし、
ほんとうの意味で"長持ち"するものを、
いっしょにつくっていけたらと思います。

01・『人は、誰かの拠り所になれる。』／旭化成ホームズ／採用パンフレット

02・『よーく、話そう。』／ヨーク／採用パンフレット

03・『ROLLING STONE』／住友大阪セメント／採用パンフレット

勉強を嫌いになったのは、
できないからではなく、
見えないからでした。

「眼鏡が見えない」
「教科書が見えづらい」
そんな理由で、
勉強を嫌いになってしまう子どもがいます。
私たちがつくる眼鏡は、きっと
勉強を好きになれる道具でもあるのです。

見え方は、
生き方を
変える。

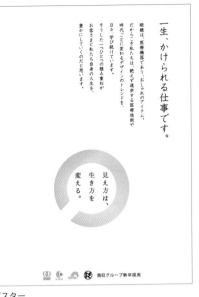

一生、かけられる仕事です。

眼鏡は、医療機器であり、おしゃれのアイテム。
だからこそ、絶えず進歩する医療技術や
時代ごとに変わるデザインのトレンドを、
日々、学び続けています。
そうした一つひとつの積み重ねが
お客さまと私の人生を、
豊かにしていくのだと思います。

見え方は、
生き方を
変える。

南旺グループ新卒採用

04・『見え方は、生き方を変える。』／南旺グループ／ポスター

いつまでやんの？
仲良しごっこ。

女々演

**05・『いつまでやんの？仲良しごっこ。』／
映画「女々演」／ポスター**

姉ちゃんの恋人
つづけ、幸せ。
10/27 Start 火 夜9時

**06・『つづけ、幸せ。』／
テレビドラマ「姉ちゃんの恋人」／ポスター**

POSSIBLE BIBLE

**07・『POSSIBLE BIBLE』／
日立ビアメカニクス／採用パンフレット**

世界を面白く

採用メッセージ

**08・『世界をちょっぴり面白く』／日本ノーベル／
採用サイト**

嵐山邸宅
二〇二〇年十二月OPEN予定

嵐山を
ありのままに
心ゆくまで

**09・『嵐山を ありのままに 心ゆくまで』／
嵐山邸宅MAMA／公式サイト**

ハモン
HAMORN

**10・『HAMORN（ハモン）』／HAMORN／
社名ネーミング、企業ロゴ・メッセージ**

01・家族の暮らし、想い出、これから先の未来の"拠り所"となる住宅を販売する。その意義と生き方を、人を通して伝えています。【日本BtoB広告賞 入社案内の部・金賞 受賞】 02・一人ひとりに向き合うヨークらしさが、ツールからにじみでるように仕上げました。【札幌ADCコンペティション＆アワード2017 ブック・エディトリアル部門・銀賞 受賞】03・セメントの開発・製造・販売の他にも化粧品や電池材料など様々な素材を開発する同社の事業の幅広さを『ROLLING STONE（転がる石）』に例え、ストーリー形式で紹介しました。【日本BtoB広告賞 入社案内の部・銅賞 受賞】 04・眼鏡やコンタクトレンズの製造・販売を手がける仕事の魅力・奥深さを就活生に訴求するポスターです。【コピーライターズクラブ名古屋 グラフィック部門賞・特別審査委員（三井明子氏）賞 受賞】05・女子高生のブラックな本音をシニカルに、時にユーモアを交えて描く本作。そのブラックさをそのままコピーで表現しました。06・恋と家族愛を描くラブ＆ホームコメディー。温かみのある脚本の世界観を大切にしつつ、元気で明るい主人公のキャラクターをキャッチコピーに投影しました。 07・BtoB企業特有の"わかりにくさ"を解消するためにイラストをふんだんに使用し、同社の挑戦の物語を、一冊にまとめています。【大阪コピーライターズクラブ 新人賞 受賞】 08・独創的なアイデアで、ユニークな製品開発を行う同社。チャーミングに世界観をつくりこみ、事業の特色や親しみやすい社風、社員の人柄をサイト全体で伝えています。 09・京都・嵐山の新たな魅力を発信するために、日常の何気ない風景を旅人目線で切りとる「嵐山滞在記」を制作。旅館の公式サイトに掲載しています。 10・様々なおくりものや婚礼・イベントの企画などを通して、隅々まで愛がゆきわたる社会の実現をめざす同社。『HAMORN』という社名には、「波紋（HAMON）」のように「愛（AMOR）」が広がるという意味が込められており、ロゴマークは連続してつなげることで、ハートマークが浮かび上がるデザインとなっています。

グラフィック
映像
WEB
アプリ
イベント
パッケージ
その他

株式会社
バックストリート

CONTACT ADDRESS

〒150-0001　東京都渋谷区神宮前1-20-13
ノーサレンダービル3F

03-5771-5581　FAX 03-5771-5584

http://www.backstreets.jp

bs@b-brothers.com（担当：菅野）

COMPANY PROFILE

- **設立** 1993年4月27日　**資本金** 1,000万円
- **売上高** 354百万円（2019年11月決算）
- **代表者** 代表取締役社長 小笠原 希
- **社員数** 11人　**クリエイター数** 2人
- **平均年齢** 42.3才

● **会社PR** 映像制作（企画・制作進行・配信）
音楽制作（企画・制作進行・配信）
イベント制作（企画・制作進行・施工・運営）
Web制作（企画・制作進行・運営・マーケティング）
グラフィック制作（企画・制作進行・印刷）
ノベルティ制作（企画・制作進行）
広告・プロモーション全般のコーディネート（撮影・キャスティング・PRなど）

関連会社　株式会社logfilm
　　　　＜映像ディレクション・マネジメント＞

主に教育関連の映像・音楽の制作プロデュース、
国内外（海外は中国・台湾など）の展示イベントの
施工運営を行っています。その他、Webマーケティングやプロモーションの企画運営、広告制作全般の
コーディネートやスタッフィング、ノベルティ制作など
をプロデュースいたします。

01・「2020年度 ぷち」／ベネッセコーポレーション／こどもちゃれんじ教材映像／DVD&Web配信

02・「こどもちゃれんじ オンライン幼稚園 サマースクール マスクでバリア」／ベネッセコーポレーション／Web

03・「進研ゼミ小学講座」／ベネッセコーポレーション
／小3販促DM／ベネッセ公式YouTube

04・「The Wheels on the Bus」／ポケモン／
ポケモンKidsTV/YouTube公式チャンネル

06・「進研ゼミ小学講座」／ベネッセコーポレーション
／小1販促DM／ベネッセ公式YouTube

06・「アルプスいちまんじゃく」/ポケモン/
ポケモンKidsTV/YouTube公式チャンネル

07・「セレ"びれ"ーション」／ラグーナテンボス ラグナシア／ベネッセコーポレーション／しまじろうシーパークライブショー制作

08・「中国・上海 E&P2020」／日本オートマチックマシン／電子部品・精密機器展／デザイン・施工

09・「SHIODOME Twilight イルミネーション2019」／汐留B街区管理組合／プロデュース・デザイン・施工・運営

10・「東京オートサロン2020」／3Dデザイン／BMWカスタムカー展示／デザイン・施工

13・「イセタン靴博2019」／リーガルコーポレーション／新宿伊勢丹本館／デザイン・施工

14・「REGAL WEEK 2019 秋」／リーガルコーポレーション／パンフレット・ポスター制作

11・「東京オートサロン2020」／3Dデザイン／BMWカスタムカー展示／デザイン・施工

自社ブース展開

17・「コンテンツ東京2017」／自社ブース展開／デザイン・施工・運営

18・「コンテンツ東京2018」／自社ブース展開／デザイン・施工・運営

19・「コンテンツ東京2019」／自社ブース展開／デザイン・施工・運営

15・「REGAL WEEK 2019 秋」／リーガルコーポレーション／LP制作

12・「中国・広州GTIショー」／バンダイナムコエンターテインメント／ゲームショー／デザイン・施工・運営

16・「自動機総合カタログ2020」／日本オートマチックマシン／企画・デザイン・印刷

株式会社
原宿デザイン

CONTACT ADDRESS

📍 〒150-0001　東京都渋谷区神宮前3-25-18
　THE SHARE 209

📞 03-4540-6486

◎ https://harajuku-design.co.jp

✉ info@harajuku-design.co.jp

COMPANY PROFILE

● 設立　2017年11月1日　● 資本金　1,000万円
● 代表者　代表取締役　柳 圭一郎
● 社員数　8人　● クリエイター数　5人
● 平均年齢　33.7才

Harajuku DESIGN Inc.は、東京・原宿を拠点とする、ブランディングカンパニーです。

ブランディングとは、企業や商品の価値を高め、顧客との間に対価を超えた揺るぎない絆を生み出すこと。そのために、ブランディングの仕組みそのものを設計していくことを目指しています。

未来のあるべきビジョンを創造し、企業や商品が抱える課題を抽出しながら、PR、アドテク、クリエイティブなど、アプローチニュートラルに、ビジョンとコミュニケーションを適切に結びつけ、あらゆる領域を統合し、ブランディングを成功へと導きます。このビジョンのもと、ブランドコンサルティングから、マーケティング戦略の立案、クリエイティブのディレクションおよび、制作までを一貫して行っています。企業および、商品／サービスのブランディングにおいては、CI・VIの開発、グラフィックデザイン、パッケージデザイン、映像制作、WEB制作、店舗デザインなどに加え、商品やサービス自体の企画開発から、ブランドの浸透・定着に必要不可欠なプロモーションやPRなどを、トータルでディレクションできることが弊社の強みです。主な受賞歴はフランス・パリ「DNA Paris Design Award」受賞、ドイツ「German Design Award」特別賞受賞、香港「DFAアジアデザインアワード」銀賞受賞、ニューヨーク「THE ONE SHOW」メリット賞、日本パッケージデザイン大賞、日本空間デザイン賞、東京ADC、東京TDC入選など。

グラフィック

映像

WEB

アプリ

イベント

パッケージ

その他

01・EMS／株式会社ウェルネスフロンティア／コミュニケーションロゴ・ブランディング

02・unhaut／anynext株式会社／ブランドロゴ・ブランディング

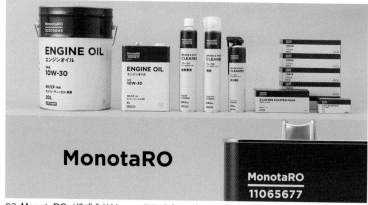

03・MonotaRO／株式会社MonotaRO／ブランドロゴ・パッケージデザイン

04・team-demi／プラス株式会社／キービジュアル・ブランディング・ブランドサイト・店頭ツール

05・Q'SAI／キューサイ株式会社／企業ロゴ・ブランディング

11・長谷川栄雅／ヤヱガキ酒造株式会社／ブランドロゴ・ブランディング

06・JOYFIT YOGA／株式会社ウェルネスフロンティア／ブランドロゴ・ブランディング

12・unhaut／anynext株式会社／ブランドロゴ・パッケージデザイン

07・KDDI MUSEUM／KDDI株式会社／ミュージアムロゴ・シアタームービー

13・TOMOE EDO JAPAN／株式会社G・T・B・T／ブランドロゴ・ブランディング

08・minefit／株式会社ウェルネスフロンティア／ブランドロゴ・ブランディング

14・INSIGHT／株式会社インサイト／企業ロゴ・ブランディング

09・A2 Milk／一般社団法人日本A2ミルク協会／協会ロゴ・Webサイト

15・CELLs／anynext株式会社／ブランドロゴ・ブランディング

10・VGZ／videographerzoo株式会社／企業ロゴ・スターバックス特設Webサイト

16・OHAGI 3／ホリデイズ株式会社／ブランドロゴ・ブランディング

株式会社
広瀬企画

OAC会員

CONTACT ADDRESS

📍【本社】〒460-0007　愛知県名古屋市中区新栄
2-1-9 雲竜フレックスビル西館15F

【東京】〒105-0004　東京都港区新橋5-22-3
ル・グラシエルBLDG.3 5F

📞052-265-7860　📠052-265-7861
🌐http://www.hirose-kikaku.co.jp
✉info@hirose-kikaku.co.jp

COMPANY PROFILE

●設立　2009年4月16日　●資本金　300万円
●代表者　代表取締役社長　広瀬達也
●社員数　24人（女性15、男性9）
●平均年齢　30歳　●クリエイター数　24人
●会社PR　企業や地域のブランディング、販売促進プロモーション、集客や人材募集、さらには顧客との関係強化など、これまで多様なニーズを持つ案件の企画・制作をしてきました。広瀬企画では、課題解決と目的達成のための企画・制作を前提とし、エンドユーザーの目線に立ったコミュニケーションをトータルで企画。広告物の制作をはじめ、広告物の効果を最大限に引き上げる使い方、SNSを活用したPRの方法をご提案いたします。ことば・デザイン・企画力で、企業や地域をヒーローに。広瀬企画は、お客様とともに喜べる会社でありたいと考えています。

Planning／広瀬企画は、企画・取材・ライティング・デザインを一貫して受けられる広告企画制作会社です。コンセプトメイクからプロモーション、ツール企画編集、ロゴ・ネーミングまで筋の通った企画をご提案します。

Web／自社メディア・HIROBA!で培ったノウハウを生かし、数多くのWebサイト及びオウンドメディアの制作・運営に携わってきました。また、近年需要が高まるSNS、SEOコンテンツの運用においても多くのお客様からご好評をいただいております。

Print／情報誌、広報誌、社内報といったコミュニケーションツールから、ポスター、カタログ、パンフレット、DM、チラシなどの販促物まで。ターゲットに刺さるデザインとコピーライティングで、モノやコトの魅力を最大限に伝えます。

企業や地域をヒーローにする企画制作集団

①得意な仕事分野
②仕事のモットー

■代表・広瀬「MBA×アイデアの広報戦略立案」
①企業や地域の理想的な未来と実行案作成
②継続的に発展するプランやコンセプトを出し、最良のチームを組んで誠実に実行します

■広瀬良子「流行と感性を織り交ぜるエディター」
①すっと心に届くコンテンツと余韻のある文章
②たくさんの体験を通して感性を磨き、人が幸せになる情報を届けるためにまい進中

■永田「お酒にのまれないようにしたいデザイナー」
①ワンビジュアル
②真面目＋遊び

■竹内「星野源好き在宅ライター」
①グルメ、旅、暮らし、短文よりは長文
②誰かを傷つけない、誰かの心をあたためる仕事

■野村「右脳・左脳の両使い」
①大学、専門学校などの教育機関
②理論と直感の両面でクリエイティブを攻めます

■市川「自然派ママライター」
①アウトドア・海・旅・バイク・環境問題
②心に寄り添って、深く理解し、丁寧な言葉で届けること

■西村「企画〜制作・管理をワンストップで」
①企業・教育・食分野の課題解決
②「親切、丁寧、納得の仕上がり」を常に追求しています

■松本「韓流マニアのママライター」
①グルメ・ファッション系大好き！
②まっすぐ誠実に。そして何より全力で楽しむ！

■堀「主食は牛乳のデザイナー」
①0.1ミリ単位で作る精密なデザイン
②まだ形のない願いを視覚化すること　あと納期絶対厳守

■谷口「無駄話多きプランナー」
①コミュニケーションが大切な案件
②チームの潤滑油としてバランス良く仕事をすること

■西「花椒好きなコピーライター」
①とんこつラーメンくらいの硬めの文章
②一段一段積み上げていけば、丈夫な基礎の塔が建つ

■安井「手の抜き方を知らない職人気質のデザイナー」
①女性がターゲットの案件、あと写真撮影も少々
②今の流行りを追求し続けること

■近藤「新米ママのせっかちプランナー」
①せっかち気味のスケジュール管理
②問合わせへの素早いレスポンス　早めの段取り

■壁谷「三河育ちの"ゲラ"ライター」
①地域に密着したおでかけ情報記事
②どんなときも好奇心を忘れないこと

■山田「早め早めの進捗管理ライター」
①斜め上からの視野が必要な仕事
②ギリギリまで眠らせて焦った仕事をしないこと。備えが大事

■矢野「情に厚い理論派コピーライター」
①学校関係、キャッチコピー、情に訴えかける系
②どのクライアント様にも、情熱的な恋をして書いています！

■岩井「SNS好き現代っ子ライター」
①SNSを駆使した効果的な情報の拡散
②アンテナを張り巡らせメディア界の最先端情報をキャッチ！

■黒柳「旅好きプランナー」
①制作物の特徴を踏まえたプラン出し
②"やればできる"の気持ちで得意分野を広げています

■佐藤「根っからアウトドアライター」
①好き！楽しい！を伝えるおでかけ情報
②丁寧一番！みなさんと気持ちよくお仕事できるように

■鳥居「ひよっこ慎重派デザイナー」
①可愛めフライヤーや堅実書籍
②驕らず焦らず騒がずに。常に趣向も忘れずに！

■國分「意外性に満ちた鎌倉の女ライター」
①スマートな文章、ときどき破天荒な発想
②幅広いジャンルのお仕事に対応！交通整理も得意です

■青野「深層ダイビング系ライター」
①企業問題・課題の可視化と解決
②潜在的なニーズに応えられるライティングを意識！

■林「まだまだ未開発デザイナー」
①「魅せる」「伝える」を考える
②クライアントとお客様に「いいね」と言われる広告作り

■石原「流行追いがちコピーライター」
①情景の浮かぶコピー(を頑張りたい)
②受け取る側の気持ちを忘れないこと

01・東海エリアの魅力発掘Webマガジン『HIROBA!』／自社運営Webコンテンツ

02・未来の授業 私たちのSDGs探究BOOK／
株式会社宣伝会議／書籍

03・KODOMOG／株式会社おとうふ工房いしかわ／
プロモーション一式（ネーミング・サイト・冊子など）

04・GIFUクラフトフェア／森ビル都市企画株式会社／
プロモーション一式（サイト・会場装飾ツールなど）

05・ららライフmagazine／三井不動産レジデンシャル／
Webコンテンツ・各種SNS

06・料理人のための情報メディア「ひしほ」／
ヤマサ醤油株式会社／Webコンテンツ・紙コンテンツ

07・「九日色（あさひいろ）」／尾張旭市／
プロモーション一式（ネーミング・商品開発サポートなど）

08・日鋳工業株式会社／ポスター・ブース装飾など

09・教えてバッファロー／株式会社バッファロー／
Webコンテンツ

10・ナゴヤイノベーターズガレージ／
スタートアップ支援施設紹介動画

01・広瀬企画スタッフ全員で運営している「HIROBA!」。宝探しにも似たワクワクした気持ちを大切に、東海の魅力あふれるモノ、ヒト、コトを紹介中。02・社会課題に対する問いや企業の取り組み実例などをもとに、SDGsについて小学生から大人まで楽しみながら学べる書籍を制作。03・食品メーカーの"子どもがもぐもぐ食べる"をコンセプトにした新規事業プロモーションにてコンセプト提案やWebサイト、冊子などを制作。04・180以上の作家が集まるGIFUクラフトフェア。垂れ幕からポスター、Webサイトまで、20を超えるツールを制作。05・名古屋の新しいまち「みなとアクルス」から発信する、暮らしを彩るWebマガジン「ららライフmagazine」コンテンツ立案からサイト制作、さらにSNSの運用まで一貫して行っている。06・料理人のための情報メディア「ひしほ」。対談記事や注目店の看板メニュー記事などの取材・ライティングを担当。07・地域活性化事業のネーミングやロゴ、コンセプト提案、PRツールの制作などのプロモーションを受託。プレス向けのリリースやイベントの運営サポートも。08・ブランディングに携わり、ポスターやコーポレートサイトなどを制作。2017年度 東京コピーライターズクラブ 新人部門 一次審査通過。09・Webサイトリニューアルに伴い、サイト内Webマガジン立ち上げのサポートと新規記事を制作。撮影ディレクションやライティングなど担当。10・名古屋のスタートアップ拠点ナゴヤイノベーターズガレージの動画を制作。オンラインイベントに合わせ、施設のサービスや空間のイメージが伝わるよう、企画・撮影・編集までを行う。

グラフィック ☑
映像 ☑
WEB ☑
アプリ ☑
イベント ☐
パッケージ ☑
その他 ☑

フェロールーム
株式会社

OAC会員

CONTACT ADDRESS

📍 〒160-0004　東京都新宿区四谷3丁目12番地
フロンティア四谷4F

📞 03-3355-7110　📠 FAX 03-3355-7112

🌐 https://www.fellowroom.co.jp

✉ info@fellowroom.co.jp（担当：茅野）

COMPANY PROFILE

- **設立**　1960年7月　**資本金**　2,200万円
- **売上高**　16億円（2019年8月期）
- **代表者**　代表取締役社長　太田哲史
- **社員数**　62人　**クリエイター数**　51人（営業11人含む）
- **平均年齢**　42才

●**会社PR**　フェロールーム株式会社は1960年に創業し、独自の歴史を歩んできた広告制作会社です。60年に及ぶクライアント様とのダイレクトな関係の中で活動範囲を広げ、広告制作にとどまらない「ブランドのストーリーテリング」を担ってきました。時代の要請に応える「広さ」と、時代に流されない「深さ」を同時に追求しています。

ビジュアルコミュニケーション／半世紀を超える歴史を持つカタログ制作を通じ、商品の世界観を魅力的に描き「商品をして語らしむる」ことを目指したハイクオリティなビジュアルコミュニケーションを磨き続けています。

ブランドジャーナリズム／フェロールームの原点は、60年前から今も続くPR誌。その精神は衰えるどころか、SNSが普及し「広告が効かない」とされる現代ではより重要になってきています。「編集者」ではなく自ら文章も執筆する「編集ライター」が、確かな取材力・編集力でお客様との新たなコミュニケーションを生み出します。

実写から3D-CGまで多彩な動画制作／長年のカタログ制作で磨かれた「商品のストーリー」を語る能力は、動画において輝きをさらに増しています。ハイクオリティのプロモーションムービーから、手軽な動画に至るまで、幅広いご要望に対応できます。特に、3D-CGを用いたハイクオリティな動画は高い評価をいただいています。

WEB・デジタルソリューション／専任のWEB制作スタッフが、どの商品を誰に、どう魅力的に伝えるのかという戦略的な面からサポートし、3D-CGを用いたコンフィグレーターシステムは、独自のノウハウによってハイクオリティかつ高速処理のビジュアライズを可能にしています。

01・レヴォーグ／SUBARU／カタログ

02・SUBARU XV／SUBARU／カタログ

03・キーレスボタン錠 KEYLEX 3100／
長沢製作所／カタログ

04・ステッピングモーター用ドライバCVD
シリーズ／オリエンタルモーター／カタログ

05・フォレスター／SUBARU／ムービー

06・レヴォーグ／SUBARU／ムービー

07・月刊カートピア／SUBARU／PR誌

08・WEBカートピア／SUBARU／Web

09・販売会社採用／SUBARU／ムービー

10・カーコーディネーター／
SUBARU／アプリ・Web

11・SUBARUオンラインミュージアム／
SUBARU／Web

12・コーポレートサイト／
東西産業貿易／Web

01〜04・商品の持つ本当の魅力は何か、長い時間をかけ探求し、開発者とのキャッチボールを繰り返しながらストーリーを磨き込んでいくのがカタログです。フェロールームはこの仕事に、大きなやり甲斐とプライドを感じています。05・高い走りの性能と、乗る人の高揚感を表現したプロモーションムービー。06・実写とCGを高度に融合させることで、商品の機能をわかりやすく伝えることを目指した機能解説ムービー。07〜08・60年近くにわたって、車のある豊かなカーライフを提案し続ける、フェロールームの原点とも言えるPR誌。Web版も制作。9・SUBARU販売会社グループの採用活動のための紹介ムービー。商品から販売現場まで、幅広く取り扱っているのもフェロールームの強みです。10・3D-CGを活用し、欲しいカラーやグレードを簡単に、そして瞬時にシミュレートできます。11・Web上の博物館というコンセプトのもと、歴代の車両や歴史を紹介。長年にわたってカタログ制作を行い、商品を深く知るフェロールームだからこそ企画できるコンテンツです。12・企業の顔ともいえるコーポレートサイトの制作・運営を担当しています。

グラフィック ☑

映 像 ☑

WEB ☑

アプリ ☐

イベント ☐

パッケージ ☑

その他 ☐

株式会社
プロモーションズライト

OAC会員

CONTACT ADDRESS

📍 〒104-0061　東京都中央区銀座3-7-6
　　CIRCLES銀座 8階

📞 03-5579-5710　📠 03-5579-5711

🌐 https://www.promotionslight.co.jp

✉ t-hayami@lightpublicity.co.jp（担当：早見）

COMPANY PROFILE

● **設立** 2005年4月　● **資本金** 1,000万円
● **売上高** 5億4,282万円（2020年3月決算）
● **代表者** 代表取締役社長 松永忠浩
● **社員数** 20人　● **クリエイター数** 10人
● **平均年齢** 35才

PROMOTIONSLIGHT

● **会社PR** 2005年、ライトパブリシティのDNAを受け継いで設立しました。パッケージデザイン、PR誌制作、カタログ・パンフレット制作、セールスプロモーションの企画立案・ツール開発を軸にして、「プロモーションデザイン」という視点のもと、すべてにおいて一貫して良質なクリエイティブを行うことに主眼を置いた広告制作会社です。

● **受賞歴** 〈reddot award 2017 入賞〉
〈iF DESIGN AWARD 2018 入賞〉
〈A' DESIGN AWARD 2018 銀賞〉
〈日本パッケージデザイン大賞 2019 金賞〉
meiji THE Chocolate

01・meiji THE Chocolate／明治／VI、パッケージ

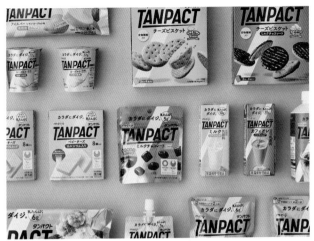

02・meiji TANPACT／明治／VI、パッケージ

03・フルーティス／Mizkan／VI、パッケージ、イラストレーション

04・Air Forest／エステー／VI、パッケージ

05・ちょっと贅沢なCOFFEE(左) 特製濃厚14.0 (右)／マルサンアイ／
パッケージ

06・ROBRA／三菱地所ホーム／ブランディング

マルキンアド
株式会社

`OAC会員`

CONTACT ADDRESS

📍 〒370-2341 群馬県富岡市下黒岩289
📞 0274-60-1311 📠 0274-63-5495
🌐 https://www.marukin-ad.co.jp
✉ info@marukin-ad.co.jp (担当:大谷)

COMPANY PROFILE

● 設立 1996年12月8日 ● 資本金 1,000万円
● 代表者 代表取締役社長 関 智宏
● 社員数 24人 ● クリエイター数 22人
● 平均年齢 35.8才

● 会社PR マルキンアドのデザインは、グラフィック、WEBなど、ビジュアルとしてのデザインにとどまりません。セールスプロモーションその他の分野における問題解決や環境改善など、実行できることのすべてをデザインの対象として捉え、社会へ貢献してきました。そして、さらに洗練されたサービスを提供するため、全社員が常に心に掲げ、あらゆる判断の基準とする理念を制定しました。それが、「まるをつくる」です。この言葉のもと、お客様やステークホルダーのためにどうすれば「まる」をつくれるか、どうすればつくったものが「まる」となって伝播していけるのか、みんなで、そしてひとり一人で常に考え、研鑽を重ねています。これからも、つくるに感謝し、つくるで感動を呼び、つくるが笑顔を生むマルキンアドに、どうぞご期待ください。

森のきのこ倶楽部
Mori no Kinoko Club

01・商品ブランディング／森産業株式会社
／ロゴマークデザイン、パッケージデザイン、楽天ページデザイン

02・ブランディング／番貞鋼材株式会社／コーポレートWebサイト、会社案内パンフレット、インナーブランディングポスター

03・絵画のミカタ／群馬県立近代美術館／展覧会
キービジュアル、ポスター、DM、サイン、カタログ等

04・リクルートパンフレット／善衆会病院／パンフレット

01・きのこを使用した多様な食品を展開しているブランドイメージを統一するため、まずはロゴマークをご提案。ブランドの世界観を表現するために素朴で「和」を感じさせるデザインとし、商品のパッケージデザインに展開しました。02・キービジュアルそのものをインナーブランディングポスターとして展開。写真を変更した複数パターンで展開しました。コーポレートWebサイト、会社案内ともに冒頭で統一されたキービジュアルを展開し、鋼材を扱う会社らしく直線的で力強いデザインとしています。03・書体や位置、放射状の線の太さや長さの不揃いは、作家それぞれの着眼点の違いを表しています。作家たちの作品を鋭く見通すエネルギーをシルバーの特色や箔押しを採用して効果的に表現しました。04・学生の目に留まり印象に残るファッション雑誌のようなデザインにしたいとの要望があり、ファッション雑誌の流行を取り入れたお洒落感のあるデザインを採用。命を預かる仕事という点を考慮し、お洒落さやオリジナリティだけではなく、誠実さを感じられるデザインになるよう心がけました。

株式会社
むすび

CONTACT ADDRESS

📍 〒103-0023 東京都中央区日本橋本町1-5-4
住友不動産日本橋ビル5F

📞 03-6734-9237　📠 03-6734-9231

🌐 https://musubi.studio

✉ hello@musubi.studio

COMPANY PROFILE

● 設立　2018年8月29日　● 資本金　9,000,000円

● 代表者　取締役社長　大輪恭平

● 社員数　8人　● クリエイター数　5人

● 平均年齢　36才

● 会社PR　私たち「株式会社むすび」はグラフィックデザインを中心に、紙、Webなど幅広い媒体で、まだ誰も見たこともない成果へと結実させるクリエイティブカンパニーです。それぞれのプロジェクトごとに専門的な技術とアイデアを持つスペシャリストを集め、最高のチームを編成。だからこそ自由で幅の広いご提案が可能になります。デザイナー、コピーライター、カメラマン、イラストレーター、プログラマー…。「むすび」に集うスペシャリストの肩書きをあげれば、きりがありません。「むすび」では、その一人一人が、各々の職域にとらわれず、アイデアを競わせています。すべてはより良いものをつくり上げるため。ときに遊ぶように。ときに戦うように。「むすび」はスペシャリストが切磋琢磨する場でもあります。

私たちは及第点を目指す、おりこうさんの集まりではありません。"ふつうにいいクリエイティブ"では満足しません。クライアントの要望以上のものを企画・制作しています。「次はどんなことをしてくれるのだろう?」そんなワクワクに応えることが大好きです。一つのプロジェクトのなかでクリエイターとプロデューサーに上下はなく、代理店やクライアントとも意見を出し合い、新たな成果へと、みんなで結実させていきます。

● 賞歴
・MUSE CREATIVE AWARDS(Usa)/
　PLATINUM WINNER
・MUSE DESIGN AWARDS(Usa)/
　SILVER WINNER
・German Design Award 2021(German)/
　Special Mention
・K-DESIGN AWARD 2020(Korea)/ WINNER
・CSS Design Awards/SPECIAL KUDOS
・Design Awards.Asia/Design Of The Day(DOTD)
・awwwards. /Honorable Mention

01 パレスホテル東京 プティフールセック缶／株式会社パレスホテル／パッケージ

02 PLAY ACTIVEキーヴィジュアル／フマキラー株式会社／広告

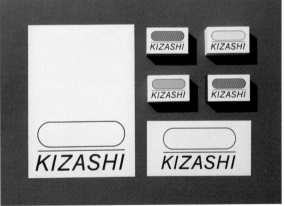

03 KIZASHI ブランディング／KIZASHI合同会社／ロゴ・ステーショナリー

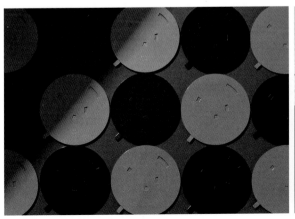

04 en-musubiカレンダー／株式会社むすび／カレンダー

☑ グラフィック
☐ 映像
☑ WEB
☐ アプリ
☐ イベント
☑ パッケージ
☐ その他

株式会社
モスデザイン研究所

OAC会員

CONTACT ADDRESS

📍 〒107-0052 東京都港区赤坂5-4-8
　荒島ビル2階
📞 03-3585-0329　📠 03-3505-2147
🌐 http://www.mosdesign.co.jp/

COMPANY PROFILE

- **設立** 2001年12月7日 ● **資本金** 4,500万円
- **売上高** 11,000万円（2020年5月決算）
- **代表者** 代表取締役社長 安達健治
- **社員数** 10人 ● **クリエイター数** 10人
- **平均年齢** 36才

● **会社PR** 1965年のモス・アドバタイジングの創業から50年以上の歴史をもつ制作会社です。『人の心を動かすクリエイティブ』をコンセプトに、広告制作全般に携わっています。デザイナー・ライター・イラストレーターが在籍しているため、パッケージデザイン、ポスター制作、ライティング、エディトリアルデザインなど幅広い仕事に対応でき、納期の短い仕事にも柔軟かつ丁寧に対応しています。カメラマンや印刷所など外部スタッフとも連携が取れているため、本や冊子の制作も企画から納品まで一括管理が可能。広告を知り尽くしたベテラン集団がデザインとコトバで広告を表現します。

● **業務内容** 新聞・雑誌広告の企画制作／ポスター、カタログ、カレンダーの企画制作／パッケージ、ラベル等のデザイン・制作／PR誌、各種出版物の企画制作

● **主要取引先** キッコーマン株式会社／東京新聞・中日新聞／株式会社すかいらーく／株式会社シード／株式会社伊藤園／湧永製薬株式会社他

01・からだ想いサプリメント／キッコーマンニュートリケア・ジャパン／パッケージ

02・松本紀生カレンダー2021／
アルゴグラフィックス／カレンダー

03・クランベリーUR100・UR65／
キッコーマンニュートリケア・ジャパン／
パッケージ

04・シード 1dayPure EDOF／SEED／
パッケージ

05・うちのごはん おそうざいの素／キッコーマン食品／パッケージ

06・今すぐできる暮らしの防災／中日新聞社／
東京新聞企画広告

07・ジョナサン グランドメニュー／すかいらーく／メニュー

08・NBワイン3種・酵母の泡ベリーA ルージュ／
マンズワイン（キッコーマン食品）／ラベル

09・ブランドサイト／
マンズワイン（キッコーマン食品）／Web

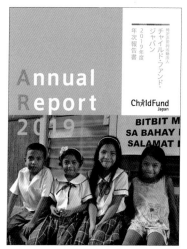

10・2019年度年次報告書／
チャイルド・ファンド・ジャパン／年次報告書

01・40代からの女性をターゲットにした、サプリメントシリーズのパッケージをリニューアル。手に持った際に、つい誰かに見せたくなるようなかわいらしさとデザイン性を意識した。02・写真家松本紀生氏のアラスカで撮影されたダイナミックかつ美しい写真を高精細印刷で鮮明に仕上げた企業カレンダー。03・クランベリーの濃縮感とフレッシュ感を限られたパッケージ面に表現。04・1dayPureシリーズのデザインを踏襲しつつ、機能的な商品特性をパッケージでも表現したデザイン。05・既存のイメージは残しつつロゴやシズルを大きくし、アイコンをプラスすることでより店頭で目立つことを意識したリニューアルデザイン。06・防災意識向上のために、分かりやすく親しみやすいイラストで「今すぐできる備え」を表現した。07・「健康感」「野菜感」「素材感」をコンセプトに、30〜50代の女性が好みそうなマルシェ風に仕立てたデザイン。08・創業以来、「日本ワイン」を造り続けるマンズワインのNB商品のラベルをデザイン。品質の確かさに加え、華やかさ、日本らしさなどを表現し、より幅広い層にアプローチした。09・「日本ワイン」の造り手としてのマンズワインの魅力を幅広く発信するプラットフォームとしてブランドサイトをリニューアル。10・会員向けの年次報告書として単調な資料にならないように写真を大きく扱いグラフィカルな誌面構成に。

グラフィック ☑
映 像 ☑
W E B ☑
アプリ ☐
イベント ☑
パッケージ ☑
その他 ☑

株式会社
ロッケン

CONTACT ADDRESS

📍 〒107-8550
　 東京都目黒区自由が丘2-16-24 #204
📞 03-6459-5069　📠 03-6459-5064
🌐 http://rokken-inc.com
✉ rokken@rokken-inc.com（担当：三河）

COMPANY PROFILE

● **設立** 2010年7月1日　● **資本金** 300万円
● **代表者** 三河真一
● **社員数** 4人　● **クリエイター数** 3人
● **平均年齢** 32才

● **会社PR**　「デザインはハイエンドに、仕事はプロフェッショナルに」。映画の劇場宣材・ジャケット、音楽CD・ゲーム・アニメなどエンターテイメント・コンテンツのグラフィックを軸に活動してきたデザイン事務所です。

クロスメディアが主流の時代になり、私達もエンターテインメントのみならず、広告、ブランディング、書籍、パッケージデザイン、飲食店グラフィック、イベントグラフィック、Webデザイン、動画（PR・サイネージ・ドローン撮影）など多岐にわたって活動を広げています。エンターテイメントのグラフィックは、コンシューマーの満足度を高める事を目的として、作品自体のコンセプトを深く読み取り、ハイエンドなビジュアルを突き詰めていく制作工程です。一方、広告はいかに商品やブランドがターゲットに広く届くかを目的とし、キャッチコピーとコンセプトワークをしっかりと骨組みをしてからビジュアルを制作していきます。Webデザインはクライアントが打ち出したい引き出しと、ユーザーが求める情報を比べ解析しながらページ構成を考えていき、デザインを構築していきます。
制作物の目的と媒体の違いを正確に判断し、制作工程を変化させながら作っていけることが我々の強みです。

小さな事務所ですが、一つ一つお客様と向き合いながら大切にお仕事をしています。

01・能楽公演「ひとつのはな #6」／株式会社Global能楽社／キーアート、B1ポスター（駅貼り等）

02・Newton大図鑑シリーズ「化学大図鑑」／株式会社ニュートンプレス／書籍装丁

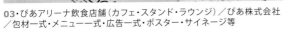

03・ぴあアリーナ飲食店舗（カフェ・スタンド・ラウンジ）／ぴあ株式会社
／包材一式・メニュー一式・広告一式・ポスター・サイネージ等

04・ぴあアリーナ オリジナルクラフトビール「YOKOHAMA Groovy
Lager／ぴあ株式会社／ビールパッケージ＆ロゴ

01・「能楽」公演のキーアート、及びポスターデザイン。「伝統芸能の国際化・デジタル化」というオーダーに対し、「能」の文字をデジタルなタイポグラフィで作り、古典的な「能面」と掛け合わせた。コロナ情勢で無観客ライブ配信となったが、駅貼りも実施するので今回の配信をきっかけに能を広く知ってもらいたいという思いで作りました。02・「Newton大図鑑シリーズ」の装丁を継続して担当。図鑑は家にずっと並べておく類の書籍なので、瞬発的なセールスデザインを排除し、永くコレクションしたくなるアートワークを心がけました。03・2020年に、みなとみらいに完成した「ぴあアリーナ」内の飲食店舗（3店舗）のグラフィック全般を担当。その代表的なカフェ「The Blue Bell」の看板メニューである、NYボードピザのテイクアウト用BOXはギターをモチーフにするなど、LIVE興行を主としたアリーナならではのデザインを随所に取り入れています。04・「ぴあアリーナ」オリジナルクラフトビールの商品化に伴うパッケージデザイン。背景にはピックがパターンになっており、グルーヴを感じるデザインにしています。

Creators' index

creative director

吉﨑達夫

TATSUO Yoshizaki

クリエイティブディレクター／
デザイナー／プロデューサー

📞 092-753-9415

✉ tatsuo@estrellas.works

🌐 https://www.estrellas.works

SNS 📘 EstrellasWORKS 🐦 EstrellasWorks

2020年から私たちを取り巻く世界は、劇的に変わりました。with COVID-19の時代にあって、企業活動・消費者とのタッチポイント・働き方も、以前のセオリーや知見が役に立たない新しいルールの下、SDGsなども見据えながら貢献できるクリエイター／プロデューサーがいま求められています。

私はコロナ以前の早くからリモート環境に身を置き、コロナ以降、リモートで連携できるクリエイティブチームを構築・強化してきました。現在、Web案件や映像案件、ブランディングやプロモーションといったクリエイティブ活動において、東京はもとより、京都・大阪、福岡と幅広いネットワークを活かして、企業のみなさまの課題解決や価値創造に貢献しております。

コミュニケーションにおいても、ZoomやTeamsなどWeb会議を打ち合わせの基本とし移動時間などの無駄な時間の削減、いち早く導入したSlackなどのチャットツールによるコミュニケーションのスピードアップ、Backlogなどのプロジェクト管理ツールでの進行管理の共有化による効率的で責任あるチームビルディングの構築、などによるクリエイティブ業務のバックアップ強化により、クライアントさまのビジネスチャンスを逃しません。

［最近の事例］
・大手化粧品会社：chatbotアプリのAI部分のロジック開発とキャラクター設計。
・声優事務所対抗トランプバトル 配信番組『Trumpin' Beat』のクリエイティブディレクション、映像配信・SNSプロモーションアドバイザー。
・POP制作サービス『POPKIT』のディレクション、他 アプリ／システム開発などIT案件の実績多数。

作品紹介
01・SDGsにもつながる次世代の人材へ教育の重要性とエンターテインメントを両立させた映画。上映実行委員会に所属しつつ、ロゴ開発からポスター、Web、SNS、クラウドファンディングの運営など総合的なクリエイティブディレクションを実施。**02**・Webサイトのコンサルティングから始まり、会社案内・カタログを含めた、全社的なメディア・ツールをリニューアル・リブランディング。**03**・スタートアップ企業の起業ビジョン＆ミッションを軸にPoC（概念実証）というかつてない新しいビジネスのあり方を、各種ブランディングツールに定着させる。

01・映画『シンプル・ギフト ～はじまりの歌声』クリエイティブディレクション／映画『Daddy Long Legs』上映実行委員会／タイトルロゴ、オフィシャルサイト、ポスター

02・イメリス ミネラルズ・ジャパン リブランディング／イメリス ミネラルズ・ジャパン／会社案内

03・PoC TECH ブランディング／PoC TECH株式会社／ロゴマーク、コーポレイトサイト、アプリケーション

creative director

山崎みどり

Midori Yamazaki
クリエイティブディレクター

📞 080-9342-6182
✉ ymidorimidori@gmail.com
🌐 https://issuu.com/midoriyamazaki
📱 @ymidorimidoriy

クリエイティブディレクター
東京大学生産技術研究所 DLX-Design Lab
特任研究員

London Central Saint Martins College of Arts and
Design / MA Communication Design 卒業。adidas、
Nike、Facebook等のクリエイティブディレクターを
経て、デジタル、グラフィック、広告、空間などのコミュ
ニケーションデザインを中心に、One-Offのアート
ワーク制作から、マーケティングとコンテンツクオリ
ティ双方を実現する総合的なコミュニケーションまで
幅広く活動。DSA賞、DDA賞、ADC賞、TDC賞など
受賞及び入選多数。

作品紹介
01・NIKEのワールドカップキャンペーン。グラフィック、動
画、デジタルインスタレーション、それらを起動できる携帯
アプリゲームなど、様々なメディアをシームレスに組み合わ
せたワールドカッププロダクトの最新テクノロジー体験。
02・NikeLabとファッションブランドsacaiとのコラボレー
ションブランドのキャンペーン。写真はその制作物の一部
One-Offのアートインスタレーション。スポーツウェアが女
性の動きに伴って翻る美しい躍動感を、デジタルテクノロ
ジーとドレーピングという布を使った装飾技法を使い表現。
Bank Gallery、Dover Street Market Ginza等で開催。
03・CONDÉ NAST JAPAN/CONDÉ NAST STUDIO
のブランド動画。04・adidasのプレミアムライン、
adidas-premiumstyleのブランドコミュニケーション。
05・ファッションブランドfranche lippéeのブランドコン
サルテーション。ブランドコミュニケーションから、デジタル
マーケティングプランまで、総合的なブランド構築を担当。

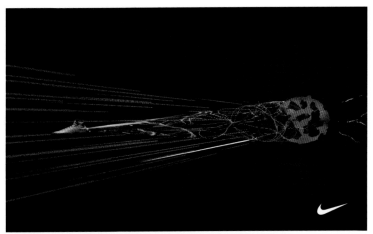

01・NIKE INNOVATION HOUSE　CL=NIKE　DSA空間デザイン賞

02・NikeLab x sacai Showroom　CL=NIKE　DSA空間デザイン賞

03・Brand Video　CL=CONDÉ NAST　　04・adidas-premiumstyle　CL=adidas

05・franche lippée Brand Communication　CL=franche lippée

Creators' index

art director | designer

大島 雄輔

yusuke oshima

アートディレクター
デザイナー

📞 0422-77-7413
✉ contact@a-href.jp
🌐 http://a-href.jp

1982年生まれ。都内のデザイン会社を経て、2013年
株式会社エーエイチレフを設立。Webのデザイン・
アートディレクションをメインに活動しています。

●海外のWebアワードの審査員を務めていました。
・Awwwards（2018〜2019）
・Design Awards Asia（2016〜2019）

※株式会社エーエイチレフについては32ページをご覧
ください。

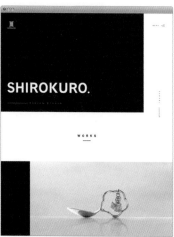

01・ポートフォリオサイト／SHIROKURO.
／Webサイト

02・ポートフォリオサイト／渡邊希／Web
サイト

作品紹介
01・掲載作品を絞り一つ一つのストーリーを丁寧に伝えられるよう設計しました。
02・作品のサイズ感を伝えたいというご要望があったので、作品をページ内に
並べることでサイズ感を比較しながらシームレスに閲覧できるようにしました。

art director

高倉健太

kenta takakura

Art Director

📞 03-6804-9392
FAX 03-6804-9344
✉ info@glyphinc.co.jp
🌐 www.glyphinc.co.jp

1982年埼玉県生まれ。'07年多摩美術大学卒業。デ
ザイン事務所を経て'17年4月GLYPH Inc.設立。広告、
CDジャケットデザイン、パッケージデザイン等ジャンル
を問わず様々な分野で活躍。

01・ARASHI Anniversary Tour 5×20／J Storm
／DVD・Blu-ray

02・小説現代／講談社／小説誌

作品紹介
01・嵐『ARASHI Anniversary Tour 5×20』のファンクラブ限定盤のパッケージ
デザイン。02 ・小説誌『小説現代』のアートディレクション

art director

宮﨑俊太郎

shuntaro miyazaki

art director

📞 03-3524-5280

✉ shuntaro_miyazaki@taki.co.jp

🌐 https://www.taki.co.jp

2007年のたき工房入社以来、企業のキャンペーンサイトやブランドサイトの制作に従事してきました。近年はスマートフォンアプリ、WebサービスのUI開発ディレクションを担当、2020年発足のUI・UXデザインチームでリーダーとディレクターを兼任しています。デザインの力で世の中がよくなることを目指して、自らが率先して手を動かし課題解決に努めています。JAA広告賞、広告電通賞など受賞。

※株式会社たき工房については48ページをご覧ください。

01・CREDOR／
セイコーウオッチ株式会社／Webサイト

02・J.Score／株式会社J.Score／
Webサイト、アプリケーション

作品紹介
01・商品体系を整理し、機能や価格帯での絞り込み検索機能を実装。個性豊かな限定モデルの世界観の表現にも注力しました。**02・**ビッグデータとAI技術を活用した日本初のFinTechサービス。アプリケーションのUI開発や、コーポレートサイト、プロモーションツールなどの制作を担当しています。2019年度グッドデザイン賞を受賞。

---

art director

曳原　航

wataru hikihara

art director
graphic designer

📞 03-3524-5280

✉ wataru_hikihara@taki.co.jp

🌐 https://www.taki.co.jp

1986年兵庫県生まれ。トリトングラフィックスを経て、2013年たき工房入社。広告を中心に、ロゴ、ブランディング、パッケージ、Webなどのアートディレクション・グラフィックデザインに従事。また家具デザインから空間設計、商品開発を担当した経験を生かし、媒体や分野にとらわれない制作活動に積極的に取り組んでいます。ADC賞など受賞。

※株式会社たき工房については48ページをご覧ください。

01・babypapa／RELIFE STUDIO
FUTAKO（パナソニック）／
展示グラフィック、リーフレット

02・RELIFE STUDIO FUTAKO
（パナソニック）／展示グラフィック、カード

03・東京ギフトパレット／
東京ステーション開発株式会社／ロゴ

作品紹介
01・次世代のコミュニケーションカメラを展示した企画展全体のグラフィックとリーフレット。**02・**「子育て」をテーマにした企画展全体のグラフィックと、来場者に配布するカードのデザインを担当。**03・**東京駅八重洲北口の商業施設「東京ギフトパレット」のロゴデザイン。

Creators' index

art director

山﨑綾子

dig- ayakoyamazaki

デザイナー

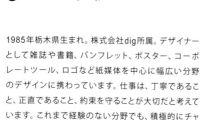

📞 03-5790-7523
📠 03-5790-7524
✉ info@dig.co.jp
🌐 https://www.dig.co.jp

1985年栃木県生まれ。株式会社dig所属。デザイナーとして雑誌や書籍、パンフレット、ポスター、コーポレートツール、ロゴなど紙媒体を中心に幅広い分野のデザインに携わっています。仕事は、丁寧であること、正直であること、約束を守ることが大切だと考えています。これまで経験のない分野でも、積極的にチャレンジしていきたいです。

※株式会社digについては52ページをご覧ください。

01・しゃべり「型」英文法／
学研プラス／書籍

02・建築知識 ビルダーズ／
エクスナレッジ／雑誌

作品紹介
01・瞬発力のあるスピーキングを身につけるための一冊。カバー、表紙、中面とイラストを多用して、楽しく学べる雰囲気に。02・10周年を期に表紙のリニューアルを担当。ビルダーズの頭文字「B」をロゴ化し、インパクトのある表紙を目指した。

---

art director

程野栄治

dotdesign- eiji hodono

代表取締役
art director

📞 03-3560-9200
📠 03-3560-9201
✉ hodono@dot-design.co.jp
🌐 http://www.dot-design.co.jp

2011年、理想の制作環境を手に入れるために、dotdesignを立ち上げました。ビジュアルの心地よさにこだわり、ユニークなアイデアとデザインスキルでもっとも効果的なクリエイティブを提案します。主にマス広告の企画制作をメインに、ブランドロゴ制作、パッケージデザイン等グラフィック全般を手がけています。

※株式会社ドットデザインについては60ページをご覧ください。

01・JAPAN MADE／Lenovo／
グラフィック

02・dreamio「さぁ、全くあたらしい体験の
世界へ」／EPSON／グラフィック

作品紹介
01・Lenovoの商品が、JAPAN MADEであることの品質の高さと、サービスの良さをライブ感のあるビジュアルで表現しました。02・プロジェクターが本来持っている大画面を楽しむと言う特性を情緒的なアプローチで表現したシリーズです。

art director

稲田綾子

Ayako Inada

アートディレクター
フードスタイリスト

☎ 03-6416-8388
🖷 03-6416-8398
✉ inada@nanilani.com
🌐 www.nanilani.com
📱 @ina_meshi

1984年　山口県生まれ。ジャンルや表現方法にこだわ
らず、何が課題かを一緒に考え解決する事を心がけて
います。好きが高じて2019年より食卓のスタイリング、
ケータリングなど食に特化した活動をスタート。飾らな
いほっとする食事・スタイリングが得意。

※株式会社ナニラニについては64ページをご覧ください。

01・CIAOPANICTYPY シーズンビジュアル
／PAL／タブロイド

02・スタイリング／namida／リーフレット

作品紹介
01・明るく可愛らしいビジュアル、そして手に取り、また持ち帰りやすい
タブロイド型でブランドらしさを表現。02・下北沢にある日本酒とワイン
と小料理を提供するnamidaのリーフレット用のスタイリングを担当。料理
を活かしつつ、店舗のイメージである丁寧さや繊細さ、こだわり感が
伝わるようスタイリングした。

---

art director

三河真一

Shinichi Mikawa

アートディレクター

☎ 03-6459-5069
🖷 03-6459-5064
✉ s.mikawa@rokken-inc.com
🌐 http://rokken-inc.com
📱 http://instagram.com/rokken_mikawa/

株式会社ROKKEN代表。アートディレクター／デザイ
ナー。ビクターエンタテインメント、ソニー・ミュージッ
クコミュニケーションズ（現ソニー・ミュージックソ
リューションズ）のデザインルームを経て、2007年独
立。映画の劇場宣材・ジャケットを軸に、音楽CD・ゲー
ム・アニメなどエンターテイメントコンテンツのグラ
フィックを得意とする。JAGDA正会員。

※株式会社ロッケンについては92ページをご覧ください。

01・浜田省吾ミニアルバム「In The Fairlife」／
SME Records／音楽CD

02・デカローグ　クシシュトフ・キェシロフスキ
Blu-ray BOX 初期作品集収録特別盤／Ivc
／ドラマ「デカローグ」映像商品パッケージ

作品紹介
01・浜田省吾さんのミニアルバムCD。山古屋のアナログ感を大切にしたかったの
で、手描きのロゴをレタリングしました。02・聖書の十戒がテーマの本作。同じア
パートが舞台である事から、十字架が重なったようなアパートのカットを洗い出し、
天を仰ぐようなカットをキーアートに起用しました。

コミュニケーションの力で 時代を動かす、OAC。

日本の代表的な広告制作会社が結集する、公益社団法人日本広告制作協会（OAC）。

自社だけでは得にくい経営ノウハウや人材確保・育成に役立つ情報の提供と交換の場を設けるとともに

コミュニケーションの力が持つ今日的役割を多彩な社会貢献事業の展開によって

広く社会にアピールし続けています。

OAC
公益社団法人
日本広告制作協会

〒104-0061 東京都中央区銀座 1-14-7 銀座吉澤ビル 9F TEL：03-3561-1220 FAX：03-3561-1221
URL：www.oac.or.jp MAIL：info@oac.or.jp FB：facebook.com/creativeOAC

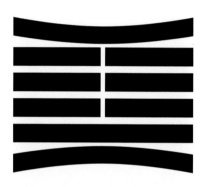

Tama Art University

多摩美術大学

美術学部　絵画学科（日本画専攻・油画専攻・版画専攻）／彫刻学科／工芸学科／グラフィックデザイン学科／生産デザイン学科（プロダクトデザイン専攻・
　　　　テキスタイルデザイン専攻）／環境デザイン学科／情報デザイン学科／芸術学科／統合デザイン学科／演劇舞踊デザイン学科
大学院美術研究科　［博士前期課程］絵画専攻／彫刻専攻／工芸専攻／デザイン専攻／芸術学専攻／演劇舞踊専攻　［博士後期課程］美術専攻
八王子キャンパス　〒192-0394 東京都八王子市鑓水 2-1723 ／ TEL 042-676-8611
上野毛キャンパス　〒158-8558 東京都世田谷区上野毛 3-15-34 ／ TEL 03-3702-1141

www.tamabi.ac.jp

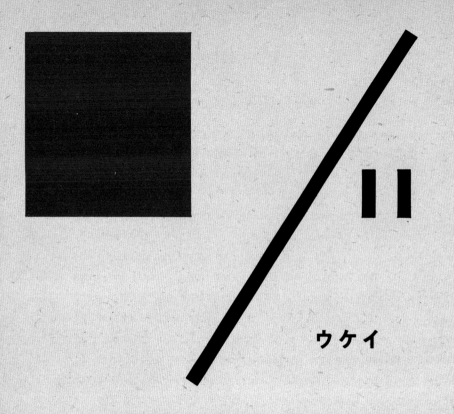

造、形、大、学、ぶ。

ウケイ

TOKYO ZOKEI UNIVERSITY

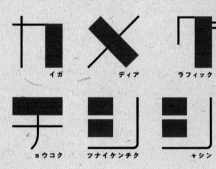

イガ　ディア　ラフィック

ョウコク　ツナイケンチク　ャシン

ンダストリアル　イガ・エイゾウ

キスタイル　ニメーション

新しい人よ、自己造形の四年間を。

新しい人よ。新しい光にみちた、新しい時代が動こうとしている。それは、あなたの時代だ。あなたの世代の価値観が明日への道筋をデザインし、社会を造形する。かつて、時代は変わる、と世界に語りかけた若者がいた。そのメッセージは多くの人の意識を変えた。言葉が新しい意識を造形したのだ。デザイン、美術にはそんな力がある。使命と責任がある。新しい人よ。進学という希望に立ちむかうあなたよ。どんな分野に進むにせよ、東京造形大学はあなたの四年間にエールを贈ります。

東京造形大学
TOKYO ZOKEI UNIVERSITY

[デザイン学科]　グラフィックデザイン / 写真 / 映画・映像 /
アニメーション / メディアデザイン / 室内建築 /
インダストリアルデザイン / テキスタイルデザイン

[美術学科]　絵画 / 彫刻

[大学院]　造形研究科造形専攻（修士課程・博士後期課程）

学校法人桑沢学園 東京造形大学
〒192-0992
東京都八王子市宇津貫町1556

TEL. 042-637-8111（代）
https://www.zokei.ac.jp

TOKYO
DESIGN
ACADEMY

設置学科　昼間部本科（専門課程）			社会人一般・大学生向け夜間講座	
ビジュアルデザイン科 （3年）	イラストレーション科 （2年）	インテリアデザイン科 （2年）	グラフィックデザインコース （1年）	
クリエイティブアート科 （3年）	マンガ科 （2年）	空間ディスプレイデザイン科 （2年）	イラストレーションコース （1年）	
グラフィックデザイン科 （2年）	アニメーション科 （2年）	ファッションアクセサリー科 （2年）	Webデザイン短期速習コース （4カ月）	
			グラフィックデザイン入門コース （3カ月）	

学校法人原宿学園
東京デザイン専門学校

〒151-0051 東京都渋谷区千駄ヶ谷 3-62-8
TEL 03-3497-0701　URL https://www.tda.ac.jp

 Instagram 公式アカウント
tokyo_design_academy

紙と出会う場所

見本帖本店・各店では、それぞれ異なるサービスを通してファインペーパーの魅力に触れていただくことができます。
目的に合った見本帖で、お気に入りの一枚をお選びください。

見本帖本店

見本帖本店

1Fショップ 10:00-19:00　2F 11:00-19:00　休／土日祝
〒101-0054　東京都千代田区神田錦町3-18-3
Tel.03-3292-3631（1Fショップ）／03-3292-3669（2F）

青山見本帖

11:00-19:00 休／土日祝
〒150-0002 東京都渋谷区渋谷4-2-5 プレイス青山1F
Tel.03-3409-8931

竹尾見本帖 at Itoya

10:00-20:00／月〜土　10:00-19:00／日祝 ＊G.Itoyaに準ずる
〒104-0061 東京都中央区銀座2-7-15 G.Itoya7F
Tel.03-3561-8311（銀座 伊東屋代表）

淀屋橋見本帖

11:00-20:00 休／淀屋橋odonaに準ずる
〒541-0042 大阪府大阪市中央区今橋4-1-1 淀屋橋odona 1F
Tel.06-6232-2240

福岡見本帖

9:00-17:30 休／土日祝
〒812-0042 福岡県福岡市博多区豊1-9-20
Tel.092-411-4531

株式会社 竹尾

本社／〒101-0054 東京都千代田区神田錦町3-12-6　Tel.03-3292-3611（代表）
国内／大阪支店・名古屋支店・仙台支店・福岡支店・札幌営業所・見本帖本店・青山見本帖・竹尾見本帖 at Itoya・淀屋橋見本帖・福岡見本帖
海外／上海・クアラルンプール・バンコク　www.takeo.co.jp

TAKEO
paper trading since 1899

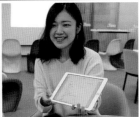

離れていても、つながろう

新型コロナウイルスで変化の時代を迎えた2020年、「人と社会のつながりを担い、理解と共感を育む」という広告の原点に立ち返り、OACは「離れていても、つながろう」というコンセプトのもと、会員社はもとより、学生、一般の方々との繋がりを考えた1年となった。

TOPICS 1　共に考える

コロナ禍の現状を乗り越えるために

新型コロナウイルスで変化した日常は、広告制作会社にも影響を及ぼしている。しかし、ただ手をこまねいているわけにはいかない。全ての経営者にとってこの経験は初めてのことであり、お互いの情報を共有することで、この状況を乗り切ろうと、経営委員会では「Withコロナ時代の営業手法」や「社員のモチベーションの維持と評価・査定の基準をどうするか　意見交換に有効なツールやその方法」などをテーマにオンラインでの情報交換を続けている。
（詳細は、OACホームページ「各種セミナー・勉強会」をご覧ください）

TOPICS 2　若手クリエイターの声に耳を傾ける

クリエイターのワクワクは止まらない

㈱Tooさん主催のdesign surf seminarに当協会の若手クリエイターが登壇（オンライン）。「クリエイターのワクワクは止まらない」と題して、「好き」なことがどう仕事や生活に影響しているかなど語り合った。
コロナ禍による在宅勤務のスイッチの切り替えでは、「会社に行くつもりで外に出て、少し歩いてから家に戻って仕事」「仕事用の机を決める」・・・、また「やったことがない仕事は逃げずにやってみる、やったことが無いから面白い」、「コロナで効率が優先されるけど、無駄や雑談って大事だと思い知らされた」など、刺激に富んだ内容となった。最後にデザインを専攻する学生さんから「学生時代に何を学ぶべきか」との質問には、「デザイン以外を幅広く学ぶべき」と、広告クリエイターならではの回答で終了した。

TOPICS 3　想いを伝える

第4回「想いを伝えるカードデザイン大賞」

コロナ禍の中、今回は作品をデータで募集することとなり、83作品が寄せられた。おばあさんが入院したがコロナでお見舞いに行けない想いをカードにしたり、仲間と会えない想いをそれぞれに伝えるもの、定年を迎える父に贈るもの、さまざまな想いが今回も集まった。授賞式はオンラインで開催し、審査員と受賞者との会話など、繋がる想いを授賞式自体にも盛り込んだ。

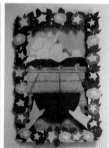

TOPICS 4 共に考える
学生のクリエイティブ思考を育む

学生の皆さんも大変な状況の2020年。「学生広告クリエイティブアワード」もデータのみの提出に変えて実施。この状況なので応募数は減るのかもと思っていたが、この記事を書いている11月20日現在で、800点を超える応募数となり（前回209点）過去最高数を記録した。「アイデアで社会をより良くするコンテスト」も2021年1月末締め切りで募集中。コロナ禍の中、学生の皆さんにはさまざまなことを考える機会としてほしい。

TOPICS 5 共に創る
岩手県大槌町支援「発見!わたしたちの大槌じまんカレンダー」2021

2021年は東日本大震災より10年の歳月が経過する。被災した岩手県大槌町を支援するために始めたカレンダー制作も9年目を迎えた。毎年行ってきた「キャッチコピーづくり」の出前授業は、新型コロナウイルスのために実施できず、先生方にお願いし完成に漕ぎつけた。10年の節目を迎える大槌町と子どもたちが、自分たちのふるさとを新たに築きあげていくことを願っている。

会員の皆さんのために
OACならではのサービス《OAC総合賠償責任保険》

OACでは、広告制作会社向けE&O保険を用意。広告制作で発生するデータミスによる刷り直しや著作権での損害賠償などに適用される。また、著作権などのトラブルに対応すべく、弁護士の紹介なども行っている。事務局では、仕事の案件に応じてパートナーにふさわしいと思われる会社を紹介するなど、さまざまな事案に対応している。『繋がることで出来ることがある』、OACのことをもっと知りたい方は、お気軽にご連絡ください。

公益社団法人日本広告制作協会へのお問い合わせは
〒104－0061
東京都中央区銀座1－14－7 銀座吉澤ビル9F
公益社団法人日本広告制作協会
TEL 03-3561-1220
Mail info@oac.or.jp
Web http://www.oac.or.jp
Facebook https://www.facebook.com/creativeOAC/

OACアンケート「コロナウイルスと経営」に見る 制作会社のこれからの取り組み

OACでは、「新型コロナウイルスと経営」をテーマとするアンケートを公開している。これは2020年3月より5回にわたって会員社にアンケートを実施したもので、在宅勤務・営業方法・社員間のコミュニケーション・教育…など、各広告制作会社がさまざまな課題にどのように向き合っているのかを問うている。ここではその中から、「CREATOR」読者の皆さまにも活用いただけるアンケート結果をご紹介する。

※本アンケートの詳細は、日本広告制作協ホームページ「新型コロナウイルスと経営アンケート」でご覧いただけます。

在宅勤務はフレキシブルな傾向へ

9月時点では、在宅勤務割合が50%以上の会社が60%を占めており、10月以降も「現状を継続」する意向の会社が多いようだ。また状況に応じて、在宅と出勤のハイブリッドを進める、一部社員が出社に移行する会社も出てきている。一方で、「基本的に全員が出社」している会社は在宅勤務を取り入れる傾向も。今後は状況に応じて、フレキシブルに出勤、在宅勤務を使い分けていく会社が増えそうだ。

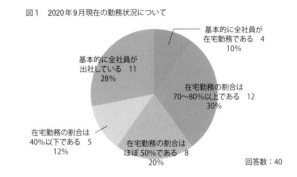

図1　2020年9月現在の勤務状況について

回答数：40

在宅勤務の利点と課題

在宅勤務（テレワーク・リモートワーク）の利点
「通勤時間や移動時間の削減やそれに伴う体力やストレスの軽減」、「家族との時間が増えるなど時間に余裕が生まれ、ライフワークバランスが向上した」、「作業に集中でき、時間の有効活用、効率化が図られた」、そして「新型コロナウイルスの感染リスクの回避のため」などが挙げられた。

在宅勤務（テレワーク・リモートワーク）の課題
「勤務実態や行動が見えない状況での勤怠管理、それに伴う評価制度のあり方」、「残業など労働時間の制限」、「社内コミュニケーションの不足、仕事がしやすい環境づくりやインフラの整備」、「情報セキュリティ管理」、「若手の育成など社員教育」、「校正や確認の抜け漏れミスが生じやすくなった」、「コミュニケーション能力が低いスタッフは外部との協業案件ではクリエイティブの質が下がる傾向にある」、「打ち合わせができても、リモートではブレストができない」といったことが、今後の改善点として挙げられた。
コロナ禍による売上の減少や在宅勤務に伴い、経費の見直しも図られている。通勤交通費の支払いについては、いったんとりやめ、出社に合わせた精算への変更が50%を超えている。また在宅勤務による家庭での光熱費の増加や通信環境に関わる補助については、現状「行っている」が37%。補助を行っている会社では、月額3000円が60%を占めた。

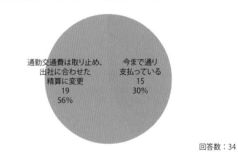

図2　在宅勤務を行っている場合、通勤交通費はどのようにされていますか。

回答数：34

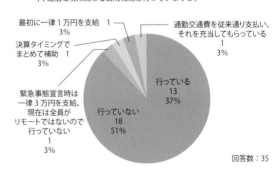

図3　在宅勤務を行っている場合、それにともなう家庭での光熱費の増加分補助や、通信環境に関わる費用補助は行っていますか。

回答数：35

在宅勤務の社員の評価をどうするか？

評価・査定に関しては、「どう見える化を図るか」がポイントとなる。それについては、下記の意見が寄せられている。

- 全社業績＞チーム業績＞個人業績の3段階評価。個人成果が突出していても会社全体、チーム全体の業績によっては評価対象としない。一昨年前までは個人業績のみが評価となっていた。
- JOB単位の管理システムを在宅でも接続できるようにしている最中。それが稼働すれば今まで同様の評価ができると思う。
- 在宅の場合は、その日に行う仕事、行った成果の報告をExcel管理。半期の評価では、成果物をリスト化し提出。評価管理システムを入れて、見える化を図っている。
- 基本はプロジェクトごとに評価（オンライン打ち合わせでの発言内容・クオリティ・クライアント対応・進行など）
- 評価は従来どおり売上数字や上司やディレクターの意見を重視し、在宅勤務での特別の対応はしていない。
- 在宅での業務内容についてはログから特定が可能であるため、ある程度の把握は可能であるが、考課に落とし込むことは在宅勤務の柔軟さを失う可能性もあるため慎重に行う事としている。あくまで成果物ごとに週1回のコミットがどこまで実現されたのかを書類で残していくことでの査定になる。
- 結果を重視する評価に移行。役職別に求める内容を列挙して提示するようにした。プロセス評価は、朝礼、週報で。
- 日報と勤怠管理システムおよび毎日のチームごとの夕礼で把握

また、評価項目を見直し中、新たな評価基準を検討している会社もある。

そして課題のひとつである「社員間（社員同士・上司と部下）のコミュニケーションを図るために取り組んでいること」について尋ねたところ、Zoomを活用した朝礼や全体ミーティングを実施している会社が多くみられた。また、「作業時もChatworkやSlack、Zoom、Teams、LINEなどを活用し、社員同士が気軽に連絡を取り、相談ができる体制を整えている」、「定期的な面談、出社してのミーティングも実施」。さらに「メールだけで済まさず、電話でのフォローも折々に行なう」、「メールだけではなく、電話や顔を見ながらこまやかにコミュニケーションを図る」、「誰が誰に相談するか、相談連絡網を明確にする」など、これまで以上に細やか工夫が見られる。

「一人暮らし社員のメンタル面のケア」についても同様で、上記にあるような細やかな声がけはもちろんのこと、「在宅勤務がし辛いと申し出た社員には、出社勤務を認めた」、「チーム、上司との関係以外に、同好・同期のつながりをつくるようにしている」という声もある。

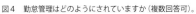

図4 勤怠管理はどのようにされていますか（複数回答可）。

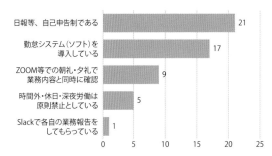

図5 業務管理はどのようにされていますか（複数回答可）。

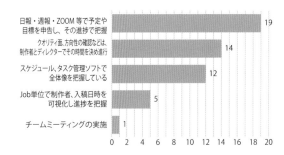

広告制作会社の模索は続く

在宅勤務が増えたことで、オフィスの縮小を検討する会社も増えている。OACの会員社も52％が「検討している」という回答に。またすでに実施したという会社もある。なお、「同業他社に入居してもらい、経費を折半している」など、オフィスのシェアも見られた。

本アンケートによると、会員社の10〜12月：3カ月の売上予測は6〜9月の売上実績に比べ、回復傾向にあるという。しかし、前年比で見ると7〜8割の売上高であり、まだまだ本回復とは至っていない。今後については、今回のコロナ禍で実感した「手元資金」の重要性を再認識しつつ、中長期的な経営計画の見直し、固定費やコストの削減、業務領域の転換、クライアントの分散化、成長分野への投資など、各社とも何かしらのアクションを起こしていく考えだ。

図6 在宅勤務を行ってみて、オフィスの規模縮小や移転などを検討、または実施していますか。

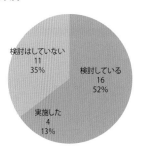

回答数：31

公益社団法人日本広告制作協会（OAC）
正会員・賛助会員リスト＋プロダクションガイド2021索引

※社名の右側に記載している数字は、本誌における掲載ページです。

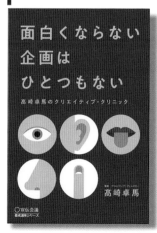

広告制作プロダクションガイド 2021

Creator

ブレーン×OAC

2021年1月1日　初版第1刷発行

定価　2090円（本体1900円＋税）

発行所　株式会社宣伝会議
発行人　東 彦弥

［東京本社］
〒107-8550　東京都港区南青山3-11-13
新青山東急ビル9F
TEL：03-3475-3010（代表）

［関西本部］
〒530-0003　大阪市北区堂島2-1-31
京阪堂島ビル5F
TEL：06-6347-8900（代表）

［中部本部］
〒461-0005　名古屋市東区東桜1-13-3
NHK名古屋放送センタービル6F
TEL：052-952-0311（代表）

［九州本部］
〒810-0001　福岡市中央区天神2-14-8
福岡天神センタービル7F
TEL：092-731-3331（代表）

［北海道本部］
〒060-0001　札幌市中央区北一条西4-1-2
J&Sりそなビル6F
TEL：011-222-6600（代表）

編集協力
ツー・ファイブ

表紙デザイン
佐藤暢美（ツー・ファイブ）

刊行協力企業・学校一覧
大阪芸術大学／株式会社竹尾／多摩美術大学／株式会社Too／
東京工科大学／学校法人桑沢学園 東京造形大学／
学校法人原宿学園 東京デザイン専門学校／武蔵美術大学

監修
公益社団法人 日本広告制作協会（OAC）